나는 왜 나를 좋아하지 않을까?

Original edition published in 2012 by Free Spirit Publishing Inc., Minneapolis, Minnesota, U.S.A., http://freespirit.com under the title: Be Confident in Who You Are, book one in the Middle School Confidential Series.

중학생을 위한 자신감 수업
나는 왜 나를 좋아하지 않을까?

초판 1쇄 발행 2013년 9월 6일
　　　11쇄 발행 2022년 5월 9일

지은이 애니 폭스
옮긴이 장은선

펴낸이 고영은 박미숙
펴낸곳 뜨인돌출판(주) | 출판등록 1994.10.11.(제406-251002011000185호)
주소 10881 경기도 파주시 회동길 337-9
홈페이지 www.ddstone.com | 블로그 blog.naver.com/ddstone1994
페이스북 www.facebook.com/ddstone1994 | 인스타그램 @ddstone_books
대표전화 02-337-5252 | 팩스 031-947-5868

ISBN 978-89-5807-461-8 03180

중학생을 위한
자신감 수업

나는 왜
나를 좋아하지 않을까?

애니 폭스 지음
장은선 옮김 · 문지현 감수

뜨인돌

안녕?

난 청소년 상담소에서 십대 친구들을 만나고 있어. 많은 친구들이 날 찾아오지만 그중에서도 중학생 친구들의 걱정거리가 가장 많아. 그래서 특별히 중학생들의 고민과 걱정을 들어 보고 해결할 수 있는 방법을 같이 찾아보려고 해.

중학교 생활은 힘들어. 초등학생보다 겨우 몇 살 더 많은 것뿐인데 다른 세상에 온 느낌일 거야. 공부는 어렵지, 숙제도 엄청 많지, 친구 관계는 내 맘대로 안 되지, 엄마 아빠랑은 말이 안 통하지. 그중에서도 남들이 나에 대해 이러쿵저러쿵 말하는 건 정말 참을 수 없어. 외모, 성적, 인기, 말투, 심지어 걸음걸이까지 비교당할 때면 내 존재 자체가 민폐인 것 같다고.

우린 모두 주변 사람들과 자신을 비교하면서 위축돼. 그러면 당연히 내 모습이 싫고 좋아지지가 않지. 하지만 난 분명하게 얘기할 수 있어.

"너 자신을 좋아하고 응원해 봐. 넌 그럴 만한 가치가 있는 사람이니까."

이렇게 생각할 수 있으려면 먼저 '자신감'이 필요해. 이 책은 네가 잘 모르고 있었던 자신감의 실체를 알고 되찾을 수 있게 도와줄 거야.

사실 이 책이 네 모든 고민을 없애 줄 수는 없어. 하지만 자신감이 뭔지, 어떻게 하면 자신감을 기를 수 있는지를 알게 되면 남의 시선에 굴하지 않고 당당하게 살 수 있을 거야.

이 책에는 실제 중학생들의 절절한 고민이 담겨 있어. 중학생 시절을 지나온 선배로서 조언하고 그 고민에 대해 스스로 해답을 찾을 수 있게 질문도 던졌어. 내가 모든 문제에 대한 답을 줄 수는 없지만, 네가 생각하는 것보다 자신이 훨씬 더 괜찮은 사람이라는 사실을 알게 될 거라 확신해. 그럼 이제 자신감을 되찾는 여행을 시작해 볼까?

친구들을 응원하며
애니 폭스

여러분은 자기가 누구인지 잘 알고 있나요? "당연하지!"라는 대답을 하기 전에, 잠깐만 생각을 해 보세요. "나는 정말 내가 어떤 사람인지 잘 알고 있을까?"

이 책은 자신을 알고, 자신을 있는 그대로 받아들이는 방법을 담고 있어요. 자기가 누구인지에 대한 고민은 심각한 얼굴을 하고 우울증에 푹 빠진 사람들에게만 해당하는 일이 아니에요. 내가 나에 대해 알아 가면 알아갈수록, 마음에 드는 부분보다는 마음에 들지 않는 부분이 더 많이 눈에 띄는 법이죠. 그래서 많은 사람들이 내가 누구인지에 대해 생각하지 않으려고 해요. 그렇다고 마음이 편해지는 것도 아니죠. 내가 나에 대해 알게 되면서 마주친 나의 그림자들은 피하려고 할수록 더 달려들기 때문이에요. 누군가에게 그 그림자는 외모입니다. 누군가에게는 능력 부족, 누군가에게는 감추고 싶은 모난 성격입니다.

마테오, 애비, 크리스, 미셸, 젠, 잭. 이름은 낯설지 모르지만, 책 속에 나오는 이 친구들은 바로 나 자신의 모습이자 여러분의 모습입니다. 이들 모두 각자의 내면을 들여다보면서 만난 그림자 때문에 마음이 무겁습니다. 이것만 해도 쉽지 않은데, 주변에서 나를 힘들게 하기로 작정한 사람들까지 덤벼드니까 삶은 참으로 벅차고 어려워집니다. 십대들이 스스로 돌파구를 찾기에는 세상이 만만치가 않아 보이지요.

그런데 정말, 내가 할 수 있는 게 전혀 없을까요? 그렇지 않아요. '할 수 없다'는 것과 '하기 힘들고 시간도 오래 걸리지만 천천히 하면 된다'는 것 사이에는 엄청난 차이가 있거든요. 비록 우리가 갖고 있는 그림자들을 완전히 없애 버리거나 대단한 장점으로 바꾸지는 못한다 하더라도 이 모습들을 받아들이고 걸어갈 수 있는 방법들은 분명히 있어요. 라인홀드 니버의 '지혜를 구하는 기도'란 시가 있습니다.

하나님,
제가 변경할 수 없는 일들을 받아들일 수 있는
마음의 평온함을
제가 변경할 수 있는 일들을 변경하는 용기를
그리고 그 둘의 차이점을 아는 지혜를

제게 허락하소서

한 번에 하루만 살게 하소서

한 번에 한 순간만을 즐기게 하소서

역경을 평화의 도로로 받아들이게 하소서

나의 그림자 가운데 어떤 것들은 변경할 수 없는 것들이에요. 가족이나 내가 처해 있는 환경 같은 게 거기 속하겠지요. 하지만 어떤 그림자들은 내가 바꿀 수 있는 것들입니다. 운동이나 노력을 통해 다듬을 수 있는 외모, 성격의 일부 같은 것들이 그런 것들이죠. 내가 변경할 수 없는 것인데 바꿔보려고 들이대다가 계란으로 바위 치기처럼 무너지고 있는 건 아닌지, 혹은 분명 변경할 수 있는 것인데 용기를 내지 않아서 시간만 보내다가 뒤늦게 "아, 그때 도전했어야 하는데!" 하는 탄식을 내뱉게 되는 건 아닌지 생각해 봐야 해요. 그래서 우리에게 가장 필요한 것이 자신을 제대로 아는 지혜이지요.

마지막으로 십대 여러분께 꼭 부탁드리고 싶은 이야기는 바로 이 시의 뒤에 나오는 구절입니다. 내가 어떻게 할 수 없는 미래를 현재로 끌고 와 힘들어하지 마세요. 아직 할 수 있는 게 별로 없어서 겪는 여러 가지 역경들이 있지만, 이 어려움은 더욱 깊어지고 성숙해지는, 그래서 마침내 평화로워지는 내 삶을 위해 꼭 필요한 과정일 수도 있습니다. 그러니 빛과 어두움을 포함한 나의 모습 전체를 알기에 망설이지 않았으면 좋겠습니다.

　가볍게 우리 문제들을 다루는 것처럼 보이지만 그 안에 깊은 생각들이 들어 있는 이 책을 통해 여러분의 삶이 조금 더 알차게 영글기를 바랍니다.

정신건강의학과 전문의
문지현

차례

등장인물

 **마테오** 춤추는 걸 좋아하는 활동적인 성격이야. 근데 또래보다 몸집이 커서 남들이 뚱뚱하다고 놀려. 그럴 때면 한 대 치고 싶다고.

 **애비** 난 뚱뚱해. 똑똑하지도 않아. 그래서 애들이 돼지 엉덩이라고 놀려. 살을 빼면 좀 나아질까?

 **크리스** 스케이트보드 타는 걸 좋아해. 단순하고 산만하지만 난 내 이런 모습이 좋아.

 **미셸** 친구들 중에 가장 똑똑해. 하지만 성적에 신경을 많이 써서 날카로워질 때가 많아.

 **젠** 다른 사람의 시선이 자꾸 신경 쓰여. 모두가 날 좋아했으면 좋겠고 인기녀가 되고 싶어.

 **잭** 말이 별로 없는 편이야. 근데 남들 앞에서 말을 잘하고 싶어.

우린 같은 중학교에 다니는 친구들이야.

두 달 전,
우리가 같이 놀고 있을 때였어.

잭

마테오

애비

크리스

미셸

젠

우린 그냥 평범한 중학생이야.

말 못 할 고민을 싸안고 걱정으로 얼룩진 시간을 보내느라 얼마나 힘들다고. 그리고 학교에서 우리를 괴롭히는 애들이 얼마나 많은지 알아?

어느 날 기적이 일어나서 일진들, 날라리들이 모두 사라진다면 얼마나 좋을까? 꺄악~ 그러면 우리는 완전 행복해질 거야. 오늘처럼 기분을 망칠 일도 없겠지.

마테오는 몸집이 커서 놀림을 받아. 애비도 그렇지.
날라리들이 애비를 돼지 엉덩이라고 빈정대거든.

다른 애들은 또 다른 고민으로 괴로워해.

크리스는 산만해서 뭔가에 집중하지 못하는 게 고민이고,
미셸은 성적에 늘 마음이 쏠려 있지.
젠은 남들 눈치를 심하게 봐.
조용해서 눈에 안 띄는 잭은
사실 남들 앞에서 말을 잘하는 마테오를 부러워하지.

우리 중 가장 똑똑한 미셸이 이렇게 물었어.

우리는 우리를 못살게 구는 아이들 때문에, 꽉 막힌 부모님 때문에, 나에게 무관심한 선생님 때문에 학교생활이 힘들다고 생각해.

근데 이렇게 생각해 보는 건 어떨까.

'우리가 우리 자신을 괴롭히는 건 아닐까?' 사실 너도 너 자신을 소중하게 대하지 않잖아. 오히려 자신을 헐뜯기 일쑤지.

"난 똑똑하지도 않고, 힘도 없고, 멋있지도 않고, 심지어 착하지도 않아!"

마음속에서 이런 목소리가 들린 적 없어?

이럴 땐 마치 누가 더 자신을 심하게 비난하는지 겨루는 것 같아. 그런 시합을 시작한 적도 없는데, 정신을 차려 보면 모두가 똑같은 짓을 하고 있더라고. 자신을 비하할 때마다 우울해지지만, 어떻게 해야 할지 답을 찾기는 쉽지 않아.

그래서 우린 남들처럼 행동하지. 남에게 호감을 사려면 그 방법뿐이니까. 눈치 보는 건 싫지만, 세상이 그렇잖아. 우리가 할 수 있는 건 아무것도 없어.

그런데 과연 그럴까?

해결책이 정말 없을까? 어른들은 별거 아니라며 고등학생이 되면 나아진다고 위로해 주는데, 뭔가 찜찜해. 그때 미셸이 색다른 제안을 했어.

"다른 아이들은 어떻게 하고 있는지 물어보면 어떨까?"

OK! 좋은 생각이야.
그래서 물어봤지. 그랬더니 많은 아이들이 학교에서, 집에서 버티는 방법들을 아낌없이 공개했어. 아무한테도 말한 적 없는 그들만의 특별한 비법을 말이야.

'어떻게 하면 눈치 좀 안 보고 당당하게 살 수 있을까?'

이제부터 친구들의 이야기를 한번 들어 보자고.

걱정 자체를 없애는 건 불가능해.

하지만 남들 눈치를 보고 위축되는 습관은 조금씩 고칠 수 있지.

그러면 인생의 기준이 남이 아니라 내가 되는 거야.

멋지지 않아?

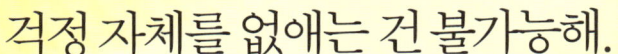

1장

난 내가
마음에 안 들어

기분이 좋을 때,
거울을 보면서 중얼거려 봐.
"나도 꽤 괜찮은데?"

손발이 오글거리지? 그래도 한번 해 봐. 슬며시 웃음이 나면서 기분이 좋아질 거야.

자기 자신을 보는 시선은 기분에 따라 많이 달라져. 하지만 기분이 나쁘거나, 화가 나거나, 걱정이 있을 때는 자신을 쉽게 비난하게 돼. 남이 내린 평가로 자신을 괴롭히기도 하고. 이런 상황이 계속되면 불안해지고, 나 자신에 대한 평가도 부정적으로 바뀌지.

외모 때문에 속상할 땐 어떻게 해야 될까? 갑자기 얼굴과 몸매가 달라지는 방법은 없어. 성형수술이 근본적인 해결책이 아니라는 건 알고 있지?

어쩌면 우리는 세상에 존재하지 않는 '완벽한 인간'과 자신을 비교하고 있는 걸지도 몰라. 짓궂은 아이들의 비난에 세뇌된 걸 수도 있고. 이것만 기억해. 세상의 그 누구도 완벽하지 않아. 운동선수들도 약물을 복용하고, 연예인들도 자기 사진에 뽀샵질을 하니까.

남을 괴롭히는 아이들도 자신의 문제로 고민하고 있어. 그 스트레스 때문에 남들을 괴롭히는 경우도 많지.

외모는 늘 우리의 관심사지.
근데 어쩜 이렇게 맘에 드는 구석이 없을까?

"키가 10센티미터만
더 컸으면!"

"팔뚝이
아줌마 수준이야."

"입술이
너무 두꺼워서 애들이
붕어라고 놀려."

"아무리 해도
허벅지 살이 안 빠져."

"다리에 털이
너무 많아."

"머릿결이
빗자루보다 뻣뻣해."

"이 죽일 놈의
여드름!"

"눈썹이 심하게
숯검댕이야."

"어깨가
너무 좁아."

"손톱이 못생겨서
손을 내놓을 수가 없어!"

"목이 너무 짧아서
어깨에 붙을 지경이야."

놀림당한 적이 있다면 모욕을 당한 순간의 불쾌함은
어떤 식으로든 네 안에 남아 있을 거야. 모든 일이 끝난 후에도 말이지.

때로 사람들은 악의 없는 말로 남에게 상처를 줘.

누구나 하는 실수지.

그럴 땐 말실수를 한 사람이 상대에게 사과를 하면 마음이 어느 정도 풀려. 하지만 어떤 사람들은 정말로 상처를 주려고 그런 말을 하기도 해.

그게 바로 언어폭력이야.

언어폭력에 대처하는 방법을 귀띔해 줄게.

똑같이 언어폭력으로 맞대응하는 것? NO.

폭력은 당하는 사람만이 아니라 휘두른 사람에게도 흔적을 남기기 때문에(주먹으로 뭔가를 내리쳤을 때를 생각해 봐. 그 물건도 찌그러졌겠지만 자기 주먹도 얼얼했을 거야.) 똑같이 맞받아치기는 그다지 좋은 방법이 아니야.

소극적으로 피하는 방법으론 그 자리에서 걸어 나오는 게 있어. 더 이상 그런 말을 하지 않도록 말해 보는 것도 방법이고. 여기서 중요한 건 상대에게 똑같이 감정의 칼날을 세워 버럭 하지 않는 거야.

방법이 하나 더 있어. 그건 마음을 지키기 위한 방법이야.

그 사람, 혹은 그 사람들이 내뱉은 말들은 사실 신중하게 생각하고 내뱉은 말이 아닌 경우가 대부분이야. 그렇기 때문에 그 말을 네가 진실처럼 받아들이지 않기로 결심하는 것, 이것도 언어폭력에 대처하는 방법이야.

놀림을 당하거나 따돌림당하는 건 수많은 십대들의 고민이야.

이 문제에 대해서는 학교나 정부의 노력이 필요해. 그리고 우리 자신의 노력도 필요하지.

내가 어떻게 행동하느냐에 따라 상황은 분명히 달라질 수 있어. 밑에 있는 다섯 가지 수칙을 크게 읽어 봐.

1. **내 잘못이라고만 생각하지 않는다.** 자책하거나 남 탓을 하는 건 좋지 않다. 최대한 객관적으로 생각한다.

2. **괴롭히는 아이들에게 혼자 맞서 싸우거나 협박하는 행동은 상황을 더 안 좋게 만든다.** 그 아이들과 상대하지 않는다.

3. **남들이 하는 말을 믿지 않는다.** 그 말 때문에 우울해지는 것도 문제지만, 그 폭언을 마음에 담으면 계속 상처를 받게 된다.

4. **괴롭힘에 대한 반응을 바꿔 본다.** 다른 사람의 행동 때문에 기분이 나빠지는 걸 놔두면 상대가 내 마음의 주인이 된다. 내 마음의 주인은 나다. 그리고 남들이 못살게 굴 땐 자신의 장점들을 떠올린다.

5. **혼자 힘들어하지 않는다.** 부모님께 상황을 이야기한다. 학교 선생님들에게 털어놓고 확실히 조치를 취해 달라고 요청한다. 가족에게 이야기하는 것이 어려우면 믿을 수 있는 어른에게 이야기하는 게 좋다. 그 이야기를 털어놓는 것만으로도 상황이 나아질 수 있으니까.

남들이 날 보고 비웃지 않는다면 어떻게 될까?

예전보단 내가 좋아지겠지. 그래도 키는 크고 싶어.

그럼 나랑 바꿀래?

하! 하! 하!

남들이 뭐라고 하든 난 날씬해지고 싶어. 근데 솔직히 살을 뺀다고 없던 인기가 생길 것 같진 않아.

너 자꾸 그럴 거야?

그래. 자신을 닦달하는 것도 놀리는 것만큼 나쁜 짓이야.

아니, 더 나빠.

내가 싫은 건 아냐. 그냥 날씬해지고 싶은 거라고!

그럼 노력해 봐. 네가 원하는 모습이 되면 자기를 좀 더 소중하게 생각할 수 있을 거야.
몸에 좋은 음식도 챙겨 먹고.
네 가장 가까운 친구는 바로 너야. 제발 널 부정적으로 생각하지 마!
응, 알았어. 한번 해 볼게.
방에 있는 군것질거리도 다 내다 버릴 거야!
우리가 도와줄게.

우린 왜 늘 배가 고픈 걸까?

그거야 계속 자라고 있으니까!

　배가 고프면 자꾸 군것질을 하게 되지? 군것질이 실제로 몸을 해치지는 않아. 하지만 너무 많이 먹으면 곧 뱃살로 승화될 거야. 그러니까 되도록 군것질은 하지 않는 걸로! 대신 물을 마시는 건 어떨까? 프랑스에서는 몇 년 동안 대대적으로 물 마시기 캠페인을 벌이고 있는데, 2012년 이후 국민들의 비만율이 오르지 않고 있대.

　요즘 온갖 다이어트 방법들이 난무하고 있는데, 살을 빼겠다고 무조건 굶는 건 절대 안 돼. 아직 완전히 자라지 않은 우리 몸에 치명적인 문제를 일으킬 수도 있거든. 하루 세 끼는 꼭 챙겨 먹고 폭식하지 않는 게 중요해.

　그리고 다이어트를 결심했다면 부모님과 얘기를 해 봐. 부모님께 너의 단호한 결심을 말씀 드리고 앞으론 패스트푸드나 기름기 많은 음식은 먹지 않겠다고 써서 주방에 붙여 봐. 그럼 너뿐 아니라 온 가족이 자극을 받을지도 몰라.

외모에 대한 신경을 살짝 꺼 보면 어떨까?
외모의 늪에서 탈출한 아이들의 이야기야.

"네 몸의 약점마다
돋보기를 달아 놓은 것 같지?
(아니거든?) 잘 생각해 봐.
'사람들이 내 단점을 그렇게
정확히 보고 있을까?'
다들 아무 관심도 없을걸?"

"남들이 험담을 하는 건
보통 자신의 불만에서 오는 거야.
그러니 험담 따윈 무시해 버려.
그게 너한테 아무 영향도
주지 못한다는 걸 보여 줘."

"다른 애들을 많이 부러워했어.
하지만 우리 엄마 말처럼,
걔네들도 나를 볼 때마다
똑같은 생각을 하겠지?"

"아이들은 내 키가
작다면서 놀렸어. 근데 갑자기
왜 걔들 때문에 기분이
나빠져야 하는지 이해가 안 되는 거야.
그래서 난 내가 맘에 드니까
너희가 뭐라고 하든 신경 안 쓴다고 했어.
그랬더니 끽소리도 못 하더라고."

누구나 아름다워지고 싶고
다른 사람에게 사랑받고 싶어 하지.

하지만 내가 나를 사랑하지 않으면 아무도 날 사랑하지 않을 거야.

진정한 자신감은 자신을 사랑하는 것에서 시작되거든. 자신감만 있다면 남들이 좋은 말을 하든 나쁜 말을 하든 크게 신경 쓰이지 않아. 몸매가 맘에 안 들면 노력해서 내가 만족하는 모습으로 바꿔. 그리고 가장 중요한 건 너 자신을 있는 그대로 아름답고 긍정적으로 보는 태도야.

처음부터 갑자기 긍정의 힘을 갖춘 사람으로 변신하긴 어려워. 다만 내가 나에게 위로가 되는, 힘이 되는 좋은 말을 하기로 결심하면 돼. 어쩌면 입으로는 억지로 그런 말을 하면서 마음은 전혀 없을지 몰라. 그래도 괜찮아. 입을 떼서 긍정의 말을 자신에게 건네 봐. 아직 진심이 실리지 않아도 괜찮으니 나를 토닥이는 이야기들을 들려 주기로 결심해 봐.

함께 읽으면 좋을 영화와 책

영화 〈헤어 스프레이〉

한껏 부풀린 머리, 언제나 흥겨운 춤을 추며 유쾌 발랄한 트레이시. 그녀가 좋아하는 건 바로 TV댄스 쇼 〈코니 콜린스 쇼〉! 모두가 뚱뚱하고 못생겼다고 놀려도 트레이시는 언제나 즐거워. 왜냐면 트레이시에겐 댄서라는 꿈이 있으니까. 트레이시는 〈코니 콜린스 쇼〉의 댄서를 뽑는다는 공개 오디션 공고를 보고 바로 지원을 하지. 미녀들 사이에서 뚱뚱한 트레이시가 주눅이 들까 걱정하는 엄마의 만류도 뿌리치고 말이지. 당당하게 〈코니 콜린스 쇼〉의 댄서가 된 트레이시는 자기를 아끼는 좋은 친구들도 많이 사귀고 멋진 남자 친구도 만나. 자신의 장점에 주목하고 꿈

을 이뤄가는 트레이시를 보며 너도 할 수 있다고 말해 봐. 지금 너에겐 트레이시처럼 널 괴롭히는 사람들과 맞서 싸울 용기가 있으니까!

책 『아름다운 아이』 R. J. 팔라시오 지음 | 천미나 옮김

선천적 안면기형으로 태어난 열 살 소년 어거스트. 어거스트는 평범한 아이일 뿐이고 누구에게도 해코지하지 않았는데 사람들은 어거스트를 보고 괴물, 변종, 구토유발자, 골룸, 오크 족 같은 심한 말로 괴롭혀. 사람들의 따가운 시선 때문에 어거스트는 우주비행사 헬멧을 쓰고 다녀. 그랬던 어거스트는 어떻게 됐을까? 사람들의 시선대로 '나는 괴물이야, 살 가치도 없어!' 자기 비하에 빠져서 우울하게 살았을까? 천만에! 자신의 외모만 보고 자신을 판단하는 사람들의 편견을 극복하며 얼굴 뒤에 가려진 자신의 진면목을 드러내. 아름다운 아이 어거스트가 너에게 외치

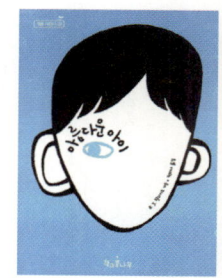

는 소리를 들어 봐. '널 함부로 대하지 마. 넌 이 세상에서 하나 뿐인 소중한 사람이라고.'

나를 괴롭히는 걱정거리를 써 봐.
그리고 그 걱정거리들을 잘 살펴봐.
내가 스스로 해결할 수 있는 문제인지 아니면 바꿀 수 없는 문제를 가지고
안달복달하고 있는 건 아닌지 잘 생각해 봐.

2장

난 왜 자꾸
남의 눈치를 볼까?

어쩌냐, 다른 댄스 패드가 어디 있는지 못 찾겠어.

대신 이걸 찾았지.

작년에 잭이 썼던 모자잖아!

근데 요새 왜 안 써?

후지잖아.

왜? 멋진데?

애들이 놀려서 그래?

아니.

말 안 할래.

낄! 낄! 낄! 낄! 낄!

아마도.

헐, 내가 내 모자 쓰고 다닌다는데 왜 놀려?

하고 다니는 거 가지고 놀리지 좀 말았으면 좋겠어.

근데 걔네들 의견에 왜 그렇게 신경 써?

그거야 멋있어 '보이고' 싶으니까.

인기 있었으면 좋겠고.

날 부러워했으면 좋겠고.

은따에서 벗어나고 싶고!

하! 하! 하! 하! 하! 하! 하!

그럼 그냥 인기 있는 애들을 따라 하면 해결되는 거 아니야?

크든 작든
누구나 남의 생각에 신경을 써.

내가 만약 파충류로 태어났다면 이런 걸 고민하지 않아도 됐을 텐데. 다른 파충류의 생각 따윈 상관하지 않고 오로지 먹이를 잡아먹는 데만 집중할 수 있었을 것! 하지만 사람은 여러 사람과 어울려 사는 동물이기 때문에 어쩔 수 없이 다른 사람을 신경 써야 해. 그래서 모두들 다른 사람에게 사랑받고 인정받기를 원하는 거지. 그건 인간의 본성이야.

혼자서 살 순 없어. 문제는 자신에게 솔직해지지 못하고 남의 눈치를 끊임없이 보는 거야. 모든 사람들에게 사랑받고 싶어 하면 오히려 스트레스가 커지지. 꾸며 낸 모습대로 행동하거나, 다른 사람들이 원하는 모습이 되기 위해 내 본래의 모습을 없앤다면 자신감과 행복은 저 멀리 달아날 거야.

남의 눈치를 왜 보느냐고 물으면 사람들은 이렇게 말해.

"남들이 '멋있다'고 하는 모습이 아니면 사방에서 흉을 보니까."

"인기가 없는 게 싫으니까."

"놀림당하는 게 싫어서."

"인기 있는 애들 눈에 들지 않으면 찌질이로 몰리잖아."

"애들 기준에 맞췄더니 오히려 따돌렸어. 그런데도 걔네들이 날 좋아해
줬으면 좋겠어."

"친구들이랑 다른 옷을 입고 다른 생각을 하고 있으면 불안해."

근데 우리는 다른 사람의 마음에 들려고 태어난 존재가 아니야.

그리고 아무리 노력해도 모든 사람의 마음에 들 수는 없어. 하지만 내가 나를 마음에 들어한다면, 어떤 상황에서도 내 편이 한 사람 있는 셈이야. 다른 사람에게 향했던 시선을 나에게로 바꿔 봐. 자신에게 관심을 가지는 건 내가 나에게 해 줄 수 있는 가장 큰 선물이야. 밑에 있는 질문을 자세히 살펴봐.

1. 내가 가장 좋아하는 일은?

2. 내 모습 중에서 가장 맘에 드는 부분은?

3. 난 어떤 식으로 내 장점을 표현하고 있지?

내가 좋아하는 내 모습을 적어 보고, 내 장점들을 어떻게 남들에게 당당하게 보여 줄 수 있을지 생각해 봐. 물론 내 장점을 모든 사람이 다 알아야 할 필요는 없어. 그렇게 하려면 또 눈치를 보게 될 테니까. 하지만 꽁꽁 숨겨 둘 필요도 없어. 사람들이 내 장점을 알게 되면 관계맺기가 조금 더 수월해질 거야.

'내 기준을 따른다'는 말은,

자신만의 기준을 만들고 남들이 뭐라 하든 흔들리지 않는 걸 말해.

옳고 그름이 확실한 영역, 즉 상식에서는 이런 기준이 통하지. 하지만 중학교에 오면 새로운 상황이 펼쳐져. 낯선 환경 속에서 스스로 옳고 그름을 판단해야 하는 거지. 처음 겪는 일인데 이게 옳은지 그른지 어떻게 알 수 있을까? 사실 항상 정확한 답을 알 수도 없고, 바로 결정할 수도 없는 문제야.

옳은 일이 무엇인지 결정할 수 있는 건 오직 자신뿐이야. 하지만 때로는 이게 맞는 선택인지 확신하기 어려워. 친해지고 싶은 아이가 같이 담배를 피자고 하면? 흡연은 나쁘다고 생각해 왔더라도, 거절하면 그 아이에게 겁쟁이라고 놀림당할지도 모르지. 하지만 함께 담배를 피운다면 상황은 더 복잡해질 거야. 담배 냄새가 옷과 몸에 스며들 테고, 부모님과 다른 친구들에게 거짓말을 해야겠지. 담배 맛을 알게 되면 정말로 끊기 어려워. 결국에는 자신의 선택을 후회하면서 마음이 많이 위축될 거야.

무엇이 옳은지 그 답을 정확하게 알 수는 없지만, 무엇이 옳은지 기준을 정하는 것은 잘못된 선택을 하려 할 때 도움이 돼.

예를 들면 이런 기준을 세우는 거지. 친구들의 이야기를 들어 봐.

"담배랑 술 금지. 내 친구를 보니까 담배랑 술 하면서, 완전 이상해졌어."

"하기 싫은데 주변에서 자꾸 하라고 떠미는 게 싫어. 내가 싫다고 하는 건
  절대 안 할 거야."

"어떤 경우에도 거짓말을 하거나 약속을 깨지 않을 거야."

"애들이 뒷담화를 할 때는 절대 끼지 않아. 걔네들은 자기가 무슨 말을 하
  는지도 몰라."

"친구한테 심한 말을 했었는데, 그날 이후 완전히 다른 애가 돼 버렸어.
  이젠 진짜 조심하려고."

"살 빼려고 무작정 굶는 건 바보짓이야. 꼭 날씬해야 예쁜 건 아니잖아."

"남친이 멋대로 날 더듬으면 화를 낼 거야. 내가 그 애를 많이 좋아해도
  말이야."

다른 사람의 시선을 신경 쓰지 않으면 인생이 어떻게 달라질까?

애들이 뭐라 하든 이 모자를 쓰고 다닐 거야.

난 내가 좋아하는 옷을 입을 거야.

너무 비위 맞추면서 억지로 웃었던 것 같아. 그냥 내가 웃고 싶을 때 웃을래.

다른 사람이 봐도 스케이트를 마음껏 탈 거야 .

춤춘다더니 수다만 떠네. 다른 게임 할까?

내 생각을 솔직하게 말할 거야.

오디션에 나가서 춤을 춰야지.

사람들은 모두 자신의 생각이 있어.

사람들은 내 생각에 찬성하거나 반대할 수 있어. 그 의견에 얼마나 영향을 받을지 결정하는 건 자기 자신이야. 다른 사람의 의견에 지나치게 신경 쓰다가는 새로운 것을 경험할 기회를 놓칠 수도 있어. 비웃음당할까 봐 하고 싶은 일을 포기했던 적 있어?

다른 사람의 시선은 잠시 접어 두고,
자신에게 솔직해져.
친구들이 좋아한다고 무작정 같이 좋아하던
아이돌에 대해 다시 생각해 볼 수도 있고,
엄마가 꿈꾸는 내 미래가 아닌
내가 꿈꾸는 진짜 내 미래에 대해서
진지하게 고민해 볼 수도 있어.
그 경험이 자신을 믿고 행동할 수 있게 도와줄 거야.

솔직하게 자기 감정을 표현하고
자유로워진 친구들의 이야기를 들어 봐.

눈치 보지 않기로
결심하고 나서
맨 먼저 남자애들과
축구를 했어.

늘 착하다고 칭찬 받았어.
그 말을 들으려고 얼마나
안간힘을 썼는지 몰라.
근데 이제 그러지 않아.

이젠 친해지고 싶은
사람한테 허세 부리지
않아.

멋있어 보이려고
막무가내로 질러대지
않을 거야.

난 행복하게 살고 싶어. 눈치를
안 보는 게 첫걸음이 될 수 있을까?

어릴 땐 매일매일이 즐거웠어.
애기들은 어떻게 하면 하루를 재밌게
보낼 수 있을까만 생각하지,
남의 말에 신경 쓰지 않으니까.
그때처럼 살아 볼 거야.

완벽하게 말해야 한다는 생각을 버리니까
내 기분을 솔직하게 말할 수 있게 됐어.

다른 애들이 내 흉을 볼까 봐 무서웠어.
근데, 걔들이 내 인생의 주인은 아니잖아.
그렇게 생각하니까 좀 용감해졌어.

체크리스트를 통해 자신의 생각보다 다른 사람의 생각을 더 많이 신경 쓰고 있지 않은지 확인해 봐.

1. 남들이 웃으면, 웃기지 않아도 일단 같이 웃는다.

☐ **예** / ☐ **아니오**

2. 나 빼고 모든 사람들이 어떤 영화를 봤다면
   나도 그 영화를 보러 가야겠다고 생각한다.

☐ **예** / ☐ **아니오**

3. 내 기분이 어떤지 잘 이야기하지 않는다.

☐ **예** / ☐ **아니오**

4. 비웃음당하지 않으려고 열심히 노력한다.

☐ **예** / ☐ **아니오**

5. 남들의 마음을 읽는 능력이 있었으면 좋겠다.

☐ **예** / ☐ **아니오**

6. 들어가고 싶은 동아리가 있었지만 아는 친구들이
   하나도 없어서 포기했다.

☐ **예** / ☐ **아니오**

7. 남들이 내 얘기를 할 거라고 생각하면 스트레스를 받는다.

ㅁ 예 / ㅁ 아니오

8. 누가 내 옷을 보고 놀리면 다시는 입지 않는다.

ㅁ 예 / ㅁ 아니오

9. 내가 좋아하는 TV프로그램을 친구가 싫어하면

나도 싫어하는 척한다.

ㅁ 예 / ㅁ 아니오

10. 친구들이 내가 무슨 음식을 좋아하는지 잘 모른다.

ㅁ 예 / ㅁ 아니오

'예'가 7~10개라면 남들을 지나치게 신경 쓰느라 스트레스를 받고 있어. 자기 자신의 마음에 집중해 봐. 인생이 좀 더 즐거워질 테니까.

3~6개라면 때로는 자신의 생각을 주장하는 것이 힘들지만, 그렇게 하고 나면 기분은 오히려 나아질 거야. 솔직한 자기 자신을 되찾도록!

0~2개라면 자신감이 강해서 다른 사람 눈치를 거의 보지 않아. 스스로는 모를지도 모르지만, 사람들은 네 모습을 좋아할 거야.

영화 〈슈렉〉 시리즈

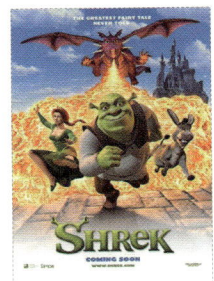

동화 속 왕자와 공주님은 항상 예쁘고 행복하다? 그러니 나 같은 평범한 아이는 사랑받지 못하는 게 당연하다? 정말 그렇게 생각하니? 영화 〈슈렉〉은 그 환상을 완벽하게 깨 주지.

세상이 말하는 것처럼 공부도 잘하고 매력적인 외모여야 행복할 거라고 생각하니? 자신의 일상을 자신이 좋아하는 것으로 채워 가는 슈렉을 봐. 슈렉은 남들이 뭐라 하든 신경 쓰지 않고 자신이 좋아하는 것에 마음을 쏟아. 인생이 아름다운 건 우리가 가진 것이 많아서가 아니라 내 모습을 사랑하고 즐겁게 살아 가기 때문이 아닐까? 각자 다른 개성과 매력을 가진 우리가 사는 세상이 더 재밌는 거 아니겠어?

책 『어쩌다 중학생 같은 걸 하고 있을까』 쿠로노 신이치 지음 | 장은선 옮김

반에서 친하게 지내고 싶은 친구가 있으면 넌 어떻게 하는 편이야? 네 모습 그대로 그 애한테 다가가서 네 진심을 털어 놓니? 아니면 그 애가 좋아하는 걸 분석하고 그 애가 좋아하는 모습으로 맞추는 편이니?

이 책의 주인공 스미레는 중학생이 되면서 공부도 친구 관계도 너무 어려워. 자신을 교실 부적응자라고 판단한 스미레는 자기 반에서 가장 예쁜 여자애들이 모인 아오이네 그룹에 들어가겠다고 결심해. 스미레가 아오이와 그 친구들의 눈에 들기 위해 기를 쓰고 아오이네 아이들과 어울려 다니며 화장을 하고 염색을 하고 치마를 세 번이나 접어 입는 소소한 일탈을 하게 되지. 이게 진짜 스미레의 모습일까? 스미레가 진짜 자기 모습을 찾아가는 과정을 응원해 줘.

다른 사람이 좋아하니까 덩달아 좋아하는 게 아니라
네가 정말로 좋아하는 것들을 써 봐.
예를 들면 이런 거지.

하루의 마지막 수업이 끝나고 보이는 노을이 좋아.
바스락 소리가 나는 시원한 여름 이불이 좋아.
밤에 엄마랑 단둘이서 마트에 가는 게 좋아.

3장

화나는 일이
너무 많아

화를 참지 못해서 후회할 말을 내뱉은 적 있어? 아마 우린 모두 그런 경험이 있을 거야.

항상 평정심을 유지하면서 내 행동을 조절하는 건 어려운 일이야. 우린 성인군자가 아니니까. 특히나 수많은 상황이 '화를 내!'라고 등을 떠밀 때 감정을 누르는 건 이만저만 힘든 게 아니지. 깨진 절친들의 뒷담화, 괴롭힘, 불합리한 부모님과 선생님…. 이런 경우에 어떻게 해야 해? 같이 험담해? 맞서서 괴롭혀? 아니면 무시해?

이런 매력적인 선택지들 앞에서 우리 뇌는 다른 해결책을 생각하기 힘들어. 사실 충동을 제어하고 결과를 예상할 수 있는 능력은 어른이 된 후에야 완성되거든. 누군가가 '폭발' 감정을 자극하면 분노와 좌절이 순식간에 머리를 장악하고, 다른 생각을 할 틈도 없이 내지르게 되는 거지.

중요한 건 다른 사람에게 상처를 주지 않도록 조심하는 거야. 물론 나 자신도 포함해서.

우리에겐 어떤 감정이든 자유롭게 느낄 권리가 있어.

하지만 누구든 감정을 원하는 대로 폭발시킬 권리는 없다는 거 명심해!

분노가 폭발하면 상대뿐만 아니라
자기 자신도 큰 상처를 입어.
친구들의 이야기를 들어 봐.

66 너무 우울해서
친구한테
소리를 질렀더니
친구가 울더라. 99

66 지하철에서
어떤 아줌마가
내 발을 밟아서
아줌마 들으라고
욕을 했어. 99

66 엄마가 친구랑 못 나가게
해서 벽을 쳤더니
손에서 피가 났어. 99

66 여동생한테 화가 나서
욕하고 동생 방을 뒤집어 놓았어. 99

66 내 친구를 괴롭히는
애를 찾아가서 뺨을 때렸어. 99

66 친구가 자꾸 귀찮게 굴어서
좀 내버려 두라고 밀쳤더니
나랑 말을 안 해. 단단히 화났는지
이젠 친구도 아니래. 99

66 게임하다가 죽는 바람에
리모콘을 집어 던졌는데
리모콘이 박살났어. 99

화를 참는 것도 좋지 않지만 폭발시키는 것도 나빠.

자꾸만 폭발한다면 다음 여섯 가지 방법을 따라 해 봐.

1. **마음이 불편해지는 지점을 알아둔다.** 어떤 때에 내가 폭발하는지를 기억해 둬. 다시 그런 상황이 일어날 때 정신을 차릴 수 있게.

2. **자기제어가 안 된다는 사실을 인정한다.** 극단적인 생각이 들고 심장이 빨리 뛰어? 당연한 거야. 그걸 인정하고 마음에서 무슨 일이 일어나는지 논리적으로 생각하면 화를 참는 게 좀 더 쉬워질 거야.

3. **멈춘다.** 폭주하는 생각을 멈추기가 쉽진 않겠지만, 엉뚱한 단어(가령 '포도' 같은)를 외쳐서라도 생각을 멈춰. 감정이 폭발할 것 같으면 망설이지 말고 브레이크를 밟는 게 중요해!

4. **화가 나는 상황에 빠지면 잠시 딴짓을 한다.** 산책을 하거나 바깥 바람을 쐬면서 평정심이 돌아오길 기다려 봐.

5. **심호흡한다.** 코로 천천히 숨을 들이마시고 입으로 다시 숨을 내쉬는 동작을 5~10회 반복해. 심장 박동이 느려지면 좀 더 냉정하게 생각할 수 있거든.

6. **누군가에게 이야기한다.** 모든 것을 혼자서 짊어질 필요는 없어. 믿을 만한 누군가의 도움을 받아서 마음을 진정시키고 나서 어떻게 해야 할지 생각해 봐.

안녕, 잭.

안녕, 미셀. 좀 어때?

별로.

알아, 애비한테 들었어.

벌써?!

바빠 죽겠는데 친구가 귀찮게 굴면 넌 어떻게 하니?

지금은 바쁘니까 나중에 얘기하자고 하겠지 뭐.

간단해서 좋네.

있잖아, 이런 얘길 해야 할지 모르겠지만….

저기, 나 지금 바쁘거든?

아, 미안해.

나중에 얘기해도 될까?

알았어.

아무도
네가 완벽하기를 기대하지 않아.
너도 너에게 완벽을 기대해서는 안 돼.

사람은 누구나 실수를 해. 어른들의 말이 맘에 안 들어서 반항하고, 놀 시간이 짧은 게 싫어서 삐딱하게 굴 수도 있어.

중요한 건 실수 뒤의 태도야. 잘못했다는 생각이 들면 바로 상대에게 미안하다고 말하는 연습을 해 봐. 진심으로 사과한다면 우정이 더 돈독해지고 갈등도 쉽게 풀릴 거야. 너도 진심 어린 사과를 받으면 금세 누그러질걸.

사과할 준비가 되었다면 무슨 말을 할지는 크게 중요하지 않아. 어떤 마음으로 사과하느냐가 중요하지. 친구와 주변 사람들에게 진심으로 다가가 봐. 말로 하기 어려우면 편지를 쓰는 것도 좋아. 같은 일을 반복하지 않도록 노력하겠다는 진심이 전해진다면 상황은 상상했던 것보다 훨씬 더 나아질 거야.

그런데도 미안한 마음을
입 밖에 내지 못하는 친구들이 어찌나 많은지….

"인기 좀 생겼다고 옛 친구를 모른 척했어. 가장 친한 친구였는데…. 사
  과하고 싶은데 안 받아 줄까 봐 무서워."

"사촌더러 죽어 버렸으면 좋겠다고 했는데, 걔가 암에 걸렸어. 얼마나 후
  회했는지…. 병이 나아서 천만다행이야. 내가 얼마나 미안했는지 걔는
  모를 거야."

"영어 선생님한테 대들고 매번 후회해."

"몇 년 전, 아빠한테 말로 상처를 줬는데 아직도 죄송하다고 말 못 했어.
  아빠는 나를 받아 주는 유일한 분인데…."

"친구들이랑 모여서 내가 싫어하는 아이 흉을 봤어. 그 장면을 생각만 해
도 얼굴이 뜨거워지고 후회가 돼."

"엄마한테 아침부터 짜증을 부렸어. 엄마에게 매일 고맙다고 해도 부족
한데…."

"지금도 예전 여자 친구가 그리워. 사소한 다툼 때문에 헤어졌는데, 이제
는 함께하던 추억만 떠올라. 내가 너무 이기적이었어. 잘해 주지 못한
걸 사과하고 싶어."

"동생한테 너무 못되게 굴어서 미안해."

상대방과의 갈등을 푸는 건 마음을 건강하게 만드는 한 가지 방법이야.

계속 마음에 쌓아 두지 말고 밑에 있는 방법대로 해 봐.

한결 마음이 편안해질 거야.

1. **그 즉시 반응하지 않는다.** 화가 나는 건 순간의 감정이야. 그 순간을 넘기면 평소의 나로 돌아올 수 있어.

2. **화난 이유를 따져 본다.** 어쩌면 내 상처나 좌절, 불안을 감추기 위해 화가 나는 건지도 몰라. 어쩌면 자기 자신에게 화가 났거나 다른 원인이 있을 수도 있어. 상대방은 아무 잘못도 하지 않았을지도 모르고. 폭발하기 전에 이 기분이 어디서 왔는지를 찾아내야 해.

3. **대책을 생각한다.** 화가 나는 것과 화를 내는 건 달라. 화를 내는 대신 어떻게 행동해야 좋을지 생각해 보는 게 중요하지.

4. **하고 싶은 말을 정리한다.** 화를 내는 건 상대방과 전혀 소통하고 있지 못하다는 뜻이야. 마음이 진정되면 다시 생각해 보자. "내가 정말로 하고 싶은 말은 뭐지?" 내가 하고 싶은 말을 정리해서 말하는 연습을 해 봐.

5. **사과한다.** 만일 상대방에게 상처를 줬다면 미안하다고 직접 말하는 게 좋아. 너의 본심을 정직하게 고백하는 거지.

갈등을 푸는 가장 좋은 방법은 '사과'야.

하지만 사과하는 건 쉬운 일이 아니야. 용감한 사람만 할 수 있는 일이지.

그러면 용기를 얻을 수 있는 몇 가지 비법을 익혀 볼까?

1. 잘못을 인정한다. 사과를 할 때 가장 먼저 생각해야 할 건 상대의 고통에 공감하는 거야. 그렇게 하기 위해서는 자신의 잘못에 대해 확실하고 충분한 인정이 필요해.

2. 영혼 없는 사과를 할 거면 하지 않는 게 더 낫다. 사과를 할 때는 진심이 가장 중요해. 건성으로, 상황을 무마하려고 사과하면 상대가 금방 알아차릴 거야. 그러면 상황은 더 안 좋아지지.

3. 해명은 최대한 하지 않는다. 지금 해야 할 건 사과지 해명이 아니라는 사실, 꼭 기억해. 오해가 있다면 정말 짧게 그 부분에 대해 짚고 넘어가야지 해명에 에너지를 쏟으면 상대의 기분은 점점 더 나빠질 거야.

4. 타이밍이 중요하다. 사과의 가장 좋은 타이밍은 '문제가 커지기 전'이야. 늑장 부리지 말고, 미루지 말고 문제가 커지기 전에 바로 사과하는 습관을 길러 봐.

화를 잘 다스리려면
먼저 자신이 화를
어떻게 처리하는지 알아야 해.

체크리스트가 도와줄 거야.

1. 급식을 받으려고 줄을 서 있는데 내 앞으로 누가 새치기를 했다.

   ① 그 애를 줄 밖으로 밀어내며 맨 끝으로 가라고 한다.

   ② 아무 말 없이 '왜 나한테 이러지?'라고 생각한다.

   ③ 내가 먼저 왔다고 차분히 설명한다.

   ④ 욕설을 중얼거린다.

2. 내 과제물에 여동생이 실수로 주스를 쏟았다.

   ① 동생한테 소리를 지른다.

   ② '난 죽었다'고 절망한다.

   ③ 재빨리 공책을 집어 들고 동생에게 휴지를 가져오라고 한다.

   ④ 동생 공책에도 똑같이 주스를 부어 복수한다.

3. 수업 시간이 다 되어 사물함에 있는 수학 책을 꺼내려고 하는데, 자물쇠 비밀번호가 생각이 안 난다.

① 사물함을 차면서 저주를 퍼붓는다.
② 왜 나는 이렇게 멍청한지 원망한다.
③ 침착하게 비밀번호를 다시 생각해 본다.
④ 포기하고 책을 친구에게 빌려 줬다고 선생님께 거짓말한다.

4. 친구 집 거실에서 뭔가를 하려고 하는데 친구에게 전화가 왔다. 방에 있는 친구의 통화 소리가 들린다. "응, 지금 혼자 있어. 알았어, 20분 내로 갈게!" 친구에게 어떻게 반응할 것인가?

① 그냥 뛰쳐나간다.
② 못 들은 척하며 왜 자신을 싫어하는지 생각한다.
③ 친구에게 자신의 솔직한 기분을 말한다.
④ 핑계를 대고 친구 집에서 나온다. 그리고 친구의 마음을 얻을 방법을 궁리한다.

5. 시험공부 중인데 거실 TV 소리가 크다.

① 방에서 "소리 줄여요!"라고 소리친다.
② 공부하려고 애쓰면서 자신을 배려하는 사람은 아무도 없다고 생각한다.
③ "공부 중이니 소리 좀 줄여 주세요"라고 부모님께 부탁한다.
④ TV 소리가 묻힐 만큼 크게 음악을 튼다.

몇 번 답이 많이 나왔니?

1번이 많다면 화가 나면 정신줄을 놓는 스타일이야. 남들에게 상처 주는 행동이나 말을 하기 쉬워. 즉각적으로 반응하기 전에 차분하게 다시 생각해 봐.

2번이 많다면 화가 나도 감정을 표현하지 않는 스타일. 사람들이 너를 싫어한다고 생각하니? 친구들에게 솔직한 마음을 이야기하는 연습을 해 봐.

3번이 많다면 화를 조절해 상대를 배려하는 스타일이야. 자기감정을 잘 표현해서 스스로를 보호할 줄도 알지.

4번이 많다면 화날 때 거짓말을 하거나 보복하며 감정을 표출하는 스타일이야. 상대방을 배려해 감정을 표현하면 마음이 훨씬 더 가벼울 거야.

누구나 화가 나거나
기분이 나쁠 때가 있어.

화를 내되 딱 적당한 정도로만 화를 내는 연습을 해 보면 좋겠어. 소리를 지르면서 방문을 발로 걷어차고 뛰쳐나가는 것과, '나 지금 정말 기분이 안 좋으니까 나중에 얘기하자.' 이렇게 말하는 건 차이가 크거든.

화를 조절해야 하는 가장 큰 이유는 나 자신을 위해서야. 화가 나서 열받는 호르몬이 오르내리면 건강에 해로운 물질이 쌓여 가장 큰 손해를 보는 건 나 자신이기 때문이지.

화가 나는 그 장면에서 갑자기 감정을 조절할 수 있는 사람은 없기 때문에, 미리 자신에게 약속을 하는 게 좋아. 예를 들어서 '물건을 집어던지거나 욕을 하지 않겠다.' 이렇게 자신과 약속을 하는 거지.

약속을 잘 지키면 자신에게 상을 줘. 너 혼자만의 상으로 부족하다면 내가 화내는 걸 조절하려고 한다는 걸 알았을 때 제일 기뻐할 사람들에게 이 이야기를 해 봐. 널 사랑하는 사람들이라면 크든 작든 네 노력에 힘을 실어 줄 거야.

분노처럼 격한 감정을
완벽하게 막을 수 있는 사람은
아무도 없어.

중요한 건 '화가 치밀어 오를 때 어떻게 반응하는 것이 가장 현명한가'야. 화를 다스리는 방법에는 여러 가지가 있어. 산책을 할 수도 있고 수다를 떨 수도 있지.

하지만 화가 나서 실수를 저질렀을 때는 어떻게 해야 할까? 이럴 때는 정면 돌파가 필요해. 상처를 준 사람에게 사과하는 거지. 앞에서 보여 준 사과의 기술을 잘 활용해 봐. 그리고 다음에 똑같은 상황이 일어났을 때 실수하지 않도록 이 경험을 잘 기억해 둬야 해. 오답 노트를 작성하는 것처럼 말이야.

만화 『**리얼**』 이노우에 타케히코 지음

노미야는 거리에서 헌팅한 여자아이를 오토바이에 태우고 달리다가 사고를 내서 소녀의 하반신을 못 쓰게 만들어. 키요하루는 달리기 선수였지만, 골육종이라는 병 때문에 어쩔 수 없이 다리를 절단하고 휠체어 농구선수로 살고 있지. 다카하시는 언제나 최고였지만 트럭에 치인 후 하반신이 마비돼. 이들이 다시 한 번 '승리'하기 위해 힘겹게 자신의 삶을 살아 나가는 모습을 보면 저절로 자신의 모습을 돌아보게 되지. 유명한 농구만화 『슬램덩크』로 유명한 이노우에 타케히코의 작품이야.

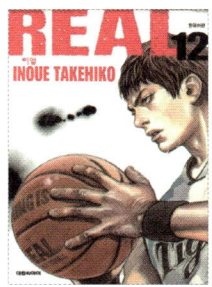

책 『**십대, 고수답게 싸워라**』 문지현, 김수경 지음

엄마랑 1시간 이상 웃으며 이야기할 수 있는 친구 손들어!(거의 없지?) 엄마는 왜 나랑 남을 비교할까? 엄마는 왜 쓸데없는 참견을 해서 날 화나게 만드는 거냐고? 네가 화를 내는 건 엄마가 잘못했기 때문일까? 이 책에선 동생과 늘 비교당하는 용수, 엄마에 대한 서운함을 친구에게 쏟아 붓는 은주, 부모에 대한 반항을 분노로 표출하는 태호 등 속이 부글부글 끓어오르는 십대들의 이야기를 담았어. 문지현 선생님은 친구들 마음을 살펴보며 왜 화가 나는지, 화의 정체는 뭔지 명쾌하게 알려 주지. 더 나아가 화를 유형별로 나누고 화를 시원하게 풀 해소법을 제시해 준단다.

내 마음속에서 꿈틀대고 있는 분노의 리스트를 써 봐.
어떤 분노라도 좋아.
자기 마음속에 뭐가 들어 있는지 들여다보는 건
자신감 회복의 첫걸음이거든.

4장

마음속의 목소리가
나를 짓눌러

부족하다니, 뭐가?

스케이트보드 실력 같은 거지 뭐.

내 마음이 그러더라. 덕분에 자신감이 사라졌어. 잘 봐!

크리스, 괜찮아?

봤지? 난 구제불능이야.

마음의 소리가 나더러 키가 땅에 붙었대.

마테오, 넌 정말 귀여워. 이건 사실이야!

젠, '사실'은 증명할 수 있어야 돼. '귀엽다'는 건 그냥 네 의견이야.

마음에서 울리는 소리가

항상 우리 편인 건 아니야. 왜냐고?

텔레비전을 보거나 친구와 이야기하는 모습을 상상해 봐.

팝콘이 튀는 것처럼 이런 생각들이 튀어나오지.

"난 절대로 저렇게 못할 거야."

"남들은 다 여친이 있는데 나만 없어!"

"쟤네 집에서 태어났으면 더 행복했을 텐데."

이런 생각들은 우리의 자신감을 갉아먹고 행복한 삶을 빼앗아.

이런 생각들은 마음의 소리에서 나와.

마음의 힘은 대단히 강력해.

그저 생각일 뿐이라는 걸 알면서도 무시하기 어렵거든.

우리 마음을 뒤흔드는 소리들이야.

> 뭘 하기에
> 난 너무 어려.

> 머리가 나빠서
> 학교 수업을 못 따라가.

> 인간관계가
> 엉망이야.

> 이 위기를 넘기려면
> 거짓말을 하면 돼.

> 나한테 미래가
> 있을까?.

> 어른스럽게
> 굴어야 하는데.

> 엄마가 재혼한 뒤
> 난 짐이 된 것 같아.

> 내가 하는 게
> 다 그렇지 뭐.

> 이 상황을 빠져나갈
> 구멍이 없어.

> 우리집 기둥은
> 형이야.
> 난 늘 찬밥이고

의견은 개인적인 생각이지만, 진실은 증명할 수 있는 사실이야.

의견은 인터넷에서, 책에서, 사람들의 입에서 끊임없이 쏟아지지.
의견에 둘러싸여 있으면서도 우리는 그 실체를 잘 모르는 것 같아.
의견의 세 가지 모습이야.

- 어떤 의견은 마음에 상처를 내거나 우울하게 만들어.
  예) 그것도 못하냐? 이 한심한 찌질아!

- 어떤 의견은 나를 조종하려고 해.
  예) 잠 자면서 살을 빼는 법! 한 달만에 살이 빠져요.

- 어떤 의견은 더 올바른 선택을 권해.
  예) 좀 쉬면서 진정하는 게 어때?

'의견'이란 녀석을 긍정적으로 활용하고 싶다면 이런저런 의견을 접할 때 자신에게 물어봐.

1. 이 의견은 나에게 상처를 주나? 아니면 도움을 주나?

2. 내가 아는 사실과 일치하나?

3. 사람들은 자신의 의견대로 행동한다.
   행동하기 전에 자신에게 이렇게 하는 게 맞는 걸까? 되묻는다.

만일 세 번째 질문의 답이 **"아니"**라면 멈춰야 해. 어떻게 해야 할지 모르겠으면 네가 믿고 의지하는 사람에게 두 번째 질문을 해 봐. 그리고 그 사람의 대답을 듣고 어떻게 하는 게 옳은지 곰곰이 생각해 봐.

사실과 의견이 잘 구별이 안 된다고?

그럴 수 있어. 여태껏 의견이 사실인 줄 알고 살았으니까.

여기서 의견과 사실을 구별하는 방법을 한번 연습해 볼까?

1. 너 샤워하는 게 좋겠다.

2. 자기가 무슨 소릴 하는지도 모르고 있어.

3. 지금껏 본 영화 중에서 최고야!

4. 정말 바보 같은 짓이야.

5. 걘 멍청해. 제정신이 아냐.

6. 난 정말 바보야.

7. 이 티셔츠는 이상해.

8. 내 개는 세상에서 제일 똑똑해.

9. 신발 멋지다!

10. 쟤는 나보다 예뻐.

11. 지구의 위성은 달 하나뿐이야.

12. 저 음악은 못 들어 주겠어.

13. 돌고래는 포유류야.

14. 너 정말 예쁘다!

15. 그 오빠는 이번 시험에서 최고점을 받았어.

자신의 답과 한번 비교해 봐.

1. **사실** (만일 격한 운동을 한 뒤라면 말이야. 그게 아니면 의견이야.)

2. **의견** (본인이 한 말이 아니라면 의견이야.)

3. **의견** (전국민이 동의한대도 의견이야.)

4. **의견** (모든 평가는 의견이야.)

5. **의견** (저 말을 퍼뜨린다면 너에 대한 그녀의 의견도 나빠질 거야.)

6. **의견** (평균 IQ는 91~110이야. 항상 현명한 선택을 할 수는 없지만, IQ가 20 이상
   이라면 넌 바보가 아니야.)

7. **의견** (패션과 외모에 대한 것은 모조리 다 의견이야.)

8. **의견** (너희 개의 지능을 정확히 검사하고 다른 개의 지능과 비교하는 건 불가능
   해. 그러므로 의견!)

9. **의견** (아름다움에 대한 판단은 모두 의견이야.)

10. **의견** (예쁘다는 건 의견이야.)

11. **사실** (교과서에 나온 사실이야. 그리고 우린 매일 밤 그 사실을 확인하잖아.)

12. **의견** (모든 평가는 의견이야.)

13. **사실** (학자들이 정한 사실이야.)

14. **의견** ('제 눈에 안경'이란 말이 있어. 사람마다 예쁜 것에 대한 기준이 다르다는
   거지. 하지만 듣기는 좋아.)

15. **사실** (시험 점수는 증명 가능해.)

난 말이 너무 많아.
P양, 15살

만일 '마음의소리'가 '넌 말이 너무 많아'라고 하면 무시해야 하나?

그럼!

자기도 수다쟁이이면서 누구더러 말이 많대?

이상하다? 뭔가를 바꾸라고 얘기해 주는 건 충고라고 우리 삼촌이 그러던데.

근데 충고와 비난의 차이가 뭐지?

듣는 순간에 어떤 기분이 드는지가 중요하겠지.

비난은 상대를 상처 입히거나
모욕을 주는 행위야.
결코 좋은 행동이 아니지.
반대로 충고는
상대를 생각하는 건강한 비평이야.

"말이 많다"는 건 비난일까, 충고일까? 그 판단은 당사자에게 달려 있어. 만약 보통 사람들만큼만 말을 하는 사람이 있다고 해 보자. 그런데 마음의 소리가 '넌 말이 너무 많아'라고 말한다면 어떡해야 할까? 그 말 때문에 자신감을 잃고 말을 하지 않기로 결정한다면 자신만 불행해질 뿐이야.

마음의 소리는 계속 너에게 말을 걸 거야. 하지만 걱정할 필요는 없어. 마음의 소리를 들어야 할 때와 듣지 말아야 할 때를 구분하기만 하면 돼. 네 마음의 소리가 너를 응원해 준다면 소리를 키워. 하지만 그 소리를 듣고 우울해진다면 소리를 줄여. 자신감을 잃고 존재감 없이 살아야 할 사람은 세상 어디에도 없어.

자신감이 떨어지고, 마음의 소리가 부정적인 말을 속삭이면 이렇게 해 봐.

1. **지금 느끼는 감정은 무엇이고 왜 생겨났는지 스스로에게 묻는다.** 우리 걱정의 90%는 일어나지 않을 일이야. 그러니 미리 겁먹지 말 것!

2. **긍정적으로 생각한다.** 자신에게 "넌 할 수 있어"나 "넌 잘할 거야"라고 말해 봐. 내가 나를 믿어 주지 않으면 아무도 날 믿어 주지 않아.

3. **할 일을 정한다.** 자신감을 되찾기 위해서는 지금 뭘 해야 하는지 파악하는 게 중요해. 그러고나서 할 일과 그 순서를 정해 봐. 성취가 가능한 작은 것부터 시작하는 게 좋아.

4. **실천한다.** 해야 하는 일을 정했다면 지금 당장 실천해.

5. **일을 해냈다면 자신을 칭찬한다.** 목표를 이뤘다면 칭찬받을 자격이 충분해. 만약 일이 잘 되지 않았다고 해도 너무 실망하지는 마. 왜 실패했는지 잘 되새기고 고쳐 나가면 되니까.

이유가 무엇이든 그 일을 하는 데
마음에 걸리는 것이 있다면
하지 않는 것도 방법이야.

자신감을 키우기 위해서는 "안 돼"라고 말해야 할 때도 있거든.

그것이 솔직한 자신의 마음이라면 일을 시작하기 전에 고민해 봐.
그리고 자신의 힘으로 어쩔 수 없는 일이라면 망설이지 말고 도움을 요청
하는 게 좋아.

자신감을 찾는다는 건 먼 나라 얘기가 아니야. 드라마에나 나오는 허황된 얘기도 아니고. 우리 곁에 있는 친구들이 하는 얘기를 들어 봐.

"나를 아껴 주고 좋아하는 사람들과 가까이 지내면 돼."

"새로운 걸 시도해 봐. 어찌 될지 모르지만 도전하면 자신감이 조금은 생기거든."

"낯선 사람과 말하는 법을 연습하고 있어. 내 마음을 표현하는 데 도움이 되더라고."

"네가 잘 하는 일에 집중해. 그 일을 하는 동안 특별한 존재가 된 기분이 들 거야."

"테니스를 치면 내가 살아 있는 것 같아. 뭐든지 할 수 있을 것 같고."

"모든 사람을 사랑할 수는 없다는 생각이 들어. 다만 그 사람의 좋은 점을 찾으려고 노력할 뿐이지."

연예인도, 학교 일진도 항상 자신감에 넘칠 수는 없어.

짓궂은 '마음의 소리'는 사람을 가리지 않고

"넌 부족해", "네 주제에"라고 속삭이면서 자신감을 뒤흔드니까.

이제 명백한 사실 하나를 말해 줄게.

사실은 지금 너대로 충분해.

지금보다 더 나아질 수 있지 않느냐고? 맞아.

부족한 모습을 알고 노력하면 살아가는 게 좀 더 편해지거든.

하지만 지금보다 더 나아진다는 말은
지금의 자기 자신을 사랑하지 않는다는 게 아니야.
지금 자신의 모습을 사랑하는 게 먼저야.
그다음이 나아진 모습이지.

영화 〈예스맨〉

새로운 걸 해 보기도 전에 너의 부정적인 마음의 소리 때문에 포기한 적 있지 않니? 그럴 땐 짐 캐리가 전하는 행복 메시지 〈예스맨〉을 봐. 대출회사에서 일하는 칼 알렌(짐 캐리)은 모든 일에 '안 돼'라고 말하는 부정적인 남자야. 하지만 오랜 친구의 추천으로 〈예스맨 세미나〉에 참석한 그는 '긍정적인 생각이 행운을 부른다'는 원칙에 따라 자신에게 오는 모든 제안에 '예'라고 대답하기로 서약하지. 그 서약은 칼에게 어떤 변화를 가져올까? 'YES!'의 짜릿한 결과를 기대하라고!

만화 「그 남자 그 여자」 츠다 마사미 지음

우수한 성적, 상냥한 성격, 예쁜 외모, 그야말로 완벽한 우등생 유키노. 하지만 유키노는 사실 다른 사람에게 칭찬받는 것을 너무도 사랑한 나머지, 최고가 되기 위해 피땀 흘려 노력하는 '허영의 여왕'이야. 그리고 유키노의 남자친구는 어릴 적 겪은 사건으로 마음속 상처를 안고 있는 아리마. 이 특이한 이중인격자 커플은 과연 끝까지 잘해나갈 수 있을 것인가! 유쾌하고 발랄하지만, 아리마의 독백이 나올 때마다 사이코 드라마로 돌변하는 독특한 순정만화야.

"NO!"라고 말할 줄 아는 사람이 진짜 용감한 사람이야.
마음속에서 들려 오는 부정적인 소리들을 적어 보고
그 옆에 NO!라고 써 봐.

5장

못된 추측들이
나를 괴롭혀

선생님이 이렇게 얘기했다고 해 봐.

"숙제 안 해 온 사람은
내 수업을 거부하는 걸로 간주하겠다."

네가 착실한 학생인데 하필 그날 집에 급한 일이 생겨서 숙제를 못 했어. 선생님은 '수업을 거부했다'라고 했지만 그건 사실이 아닐뿐더러 성급한 판단이야.

사람들은 어느 때나 모든 상황을 추측해. 축구를 할 때 어느 쪽으로 움직일지 고민하는 것처럼. 과거에 무슨 일이 일어났는지를 바탕으로 다음에 어떤 행동을 할지 결정하는 거지.

하지만 선생님의 추측에는 근거가 없어.

마찬가지로 만일 네가 불확실한 근거를 통해 결정을 내리면, 자신이나 다른 사람에 대해 섣부르고 잘못된 추측을 하게 돼.

추측일까? 사실일까?
제일 좋은 방법은 실험을 통해 확인하는 거야.

예를 들어 친구가 널 싫어하는 것 같은 생각이 들 때 직접 물어보는 거야.

"너 혹시 내가 좀 불편해? 내가 기분 나쁘게 한 거 있어?" 친구가 그렇다고 대답을 하면 옳게 추측을 한 셈이지. 그런데 아니라고 하면?

여기서부턴 좀 복잡해. 정말로 친구가 널 싫어하지 않을 수도 있고(그러면 좋겠지). 만일 친구가 실제로는 널 싫어하는데 아니라고 말한다면?

음, 여기에서 '무죄 추정의 원칙'이라는 조금 어려운 개념을 소개할게. 우리나라 법에서는 유죄가 확정되지 않은 사람은 일단은 무죄 추정, 즉 죄가 없는 걸로 보기로 하거든. 그런데 마음의 법칙에도 이걸 적용하면 도움이 될 때가 많아.

친구의 복잡한 심리 상태를 우리가 다 이해할 수 있는 건 아니지만, 그 애가 아니라고 하면 그걸 그냥 받아들이기로 하는 거지. 더 확실한 증거들, 예를 들어 그 친구가 나중에 나한테 대놓고 싫다고 하기 전에는 액면 그대로 받아들이는 거야. 왜냐고? 다른 사람들의 마음을 100% 정확하게 읽는 사람은 아무도 없기 때문이야. 독심술사? 없어, 그런 사람은!

추측들 가운데 나름 멋지고 기분 좋은 추측은 별문제가 없어.

그렇지만 만일 네가 하고 있는 추측들이
내 영혼을 좀먹어 들어간다고 하면
이 추측에 대해 반기를 들 필요가 있어.

이를 정신건강의학적으로는 '증거 찾기' 라고 부르지.

자, 이제 탐정 모드로 넘어가서 내 추측이 맞나? 틀리나? 하나하나 따져 보기로 해. 『Mind over mood』라는 책에 나온 질문들을 응용해서 자신에게 질문을 던져 보자고. 다음 페이지를 펼쳐 봐.

"아무도 나를 좋아하지 않아."

네가 이런 추측에 빠져 있다고 한번 가정해 봐. 오른쪽에 나오는 J군의 고민이기도 해.

1. 지금까지 살아 오는 동안 널 좋아하는 사람이 정말 단 한 명도 없었다고 확신할 수 있어? 딱 한 명이라도 있었다면 100% 절대 진실이라고 말할 수는 없겠지?

2. 만일 네가 좋아하는 사람이 이 생각을 하고 있다면, 넌 그 사람에게 뭐라고 말해 줄까? 친구가 너에게 이런 이야기를 해 온다면 넌 뭐라고 말을 해 줄까? "그래, 널 좋아하는 사람은 단 한 명도 없어." 이렇게 말해 줄까? 설마….

3. 만일 친구가 네 이런 생각을 안다면 너에게 뭐라고 말해 줄까? 네 생각이 100% 진실은 아니라는 걸 알려 주기 위해 어떤 증거를 제시할까?
   널 좋아하는 친구를 떠올려 봐. 친구가 떠오르지 않는다면 가족이나 가까운 사람이나, 선생님이나 상담사나, 누구라도 네 편이 되어 줄 사람을 떠올려 보는 것도 좋아. 그들이 뭐라고 말할지 상상을 해 봐.

4. 이 추측에 반대하는 뭔가 조그마한 것이라도 있을까? 잠깐이라도 네가 경험했던 반대 증거들, 너에게 미소를 짓고 따뜻한 마음을 보여 주었던 사람들을 악착같이 찾아보는 거야.

5. 지금부터 5년 후, 네가 이 상황을 되돌아본다면 이걸 다르게 볼 수 있을까? 그때의 넌 네가 했던 경험 가운데 다른 부분에 더 초점을 맞추지 않을까? 이 일이 네 삶의 전부인 것처럼 생각하면 그게 실제이든 아니든 우리가 받는 영향은 커져. 아무도 널 좋아하지 않는다는 생각, 5년 뒤 네 의견에 가만히 귀를 기울여 봐.

시험을 망치고 자신에게 실망한 적이 있을 거야.

그럴 때는 나에 대해 섣부른 판단을 내리기 쉬워. 누구나 좌절한 뒤엔 올바른 생각을 하기가 힘들지. 마음이 무거워지기 시작하면 지금 드는 생각이 사실인지 확인하지 않고 바로 결론을 내리지. 부정적인 기분에 사로잡히면 자신의 장점은 떠오르지 않거든.

최악의 상황이 떠오른다면
잠시 쉬면서 머리를 비우는 게 좋아.
그리고 절대로 자신을 비하하지 마.
그러면 다른 사람들도 널 함부로 대할 테니까.

뭐든지 섣부르면 일을 그르치게 마련이야.
나에 대한 생각도 마찬가지지.
섣부른 추측 때문에 괴로워하는 친구들의 이야기야.

친구들이
날 피하는 것 같아.
나한테 무슨 냄새가 나나?

사람들 앞에서
말을 더듬게 돼.
그럴 땐
내가 정말 싫어.

내 친구들은 나보다 예쁘고
인기도 많아. 머릿결도 좋고 피부도 좋고.
나랑 비교가 안 돼.

목소리가 너무 가늘어서
말을 아예 안 하게 돼.
다들 내가 이상한 놈이라고
비웃고 있을 거야.

내가 은따인 건
나한테 문제가
있기 때문이야.

지난주에 생일 파티를 했는데
친구들이 아무도 안 왔어.
난 왕따야.

애들이
날 미워해.

사실에는 확실한 근거가 있어.

사실과 추측을 구분하는 게 쉽지는 않지만,
연습하면 좀 더 정확하고 나은 판단을 내릴 수 있어.
섣부른 추측을 그냥 내버려 두면 머릿속이 뒤죽박죽 되고 무기력해져.
남들이 너를 깎아내리거나 우울하게 만들 때면 이 말을 기억해.

'내 인생에는 한계가 없다.
가능성만 있을 뿐!'

이건 추측일까, 사실일까?

1. 지금 내 모습으로는 사랑을 받을 수 없어.

2. 내 마음을 솔직하게 말하면 사람들이 날 존중해 줄 거야.

3. 초콜릿을 싫어하는 사람은 없어.

4. 괴짜들만 그런 음악을 들어.

5. 안경을 낀 사람들은 머리가 좋아.

6. 남자들은 차려 입는 걸 좋아하지 않아.

7. 감정이 없는 사람은 없어.

8. 화난 사람들은 자신을 조절하지 못해.

9. 여자애들은 입이 가벼워.

10. 노력하면 다 잘될 거야.

자신의 답과 비교해 봐.

1. **추측** 지금 자신의 모습으로도 충분히 사랑받을 수 있어. 자신감을 가져.

2. **추측** 네 솔직한 마음을 표현했다고 해서 사람들 모두 존중해 주지 않아. 그렇다고 눈치를 보며 네 자신을 속이면 사람들은 널 더 함부로 대할 거야. 자신의 마음을 솔직하게 표현하는 건 자신을 존중하는 첫걸음이야. 자신을 소중히 여겨야 남들도 나를 존중할테니까.

3. **추측** 그런 사람도 있고 아닌 사람도 있어. 모두가 그럴 거라고 여기는 건 위험해.

4. **추측** 좁은 생각으로 판단하면 새 친구와 새 음악을 접할 기회를 잃어버려.

5. **추측** 머리 좋은 사람 중에는 안경 낀 사람도 있어. 하지만 항상 그렇지는 않지. 외모만으로 그 사람을 판단하는 건 위험해.

6. **추측** 그런 사람도 있고 아닌 사람도 있으니까.

7. **사실** 그렇기 때문에 말하거나 행동할 때 상대방의 기분을 생각하며 조심해야 해.

8. **추측** 어떤 사람들은 화가 나면 정신줄을 놓지만 어떤 이들은 화가 나도 침착하게 행동해.

9. **추측** 비밀을 잘 지키는 여자애도 많아. 비밀을 퍼트리는 남자애도 있지.

10. **추측** 증명할 수 없는 내용이야. 하지만 포기하면 아무것도 이룰 수 없지. '할 수 있다'는 자신감은 해낼 수 있도록 도와준다구.

함께 읽으면 좋을 영화와 책

책 『뚱보가 세상을 지배한다』 K. L. 고잉 지음 | 정회성 옮김

키 180cm, 몸무게 135kg인 트로이는 사람들이 뚱뚱한 자기를 깔
보고 놀리고 있다는 생각에 항상 괴로워. 피해의식과 열등감에
사로잡힌 트로이는 자신에 대해 '난 더 살 자격이 없어. 내 인생
은 무가치하니까!'라고 판단하고 지하철 플랫폼에 몸을 던져 자
살하려고 해. 그곳에서 트로이는 천재 기타리스트 커트를 만나
고 그의 인생은 바뀌게 되지. 커트는 드럼 스틱도 잡아 보지 못
한 트로이를 새 드러머로 발탁해. 늘 주눅이 들어 있었던 트로이
가 어떻게 변하는지 지켜봐 줘.

만화 『최강 전설 쿠로사와』 후쿠모토 노부유키 지음

주인공인 쿠로사와는 40대의 건설업체 노동자야. 어찌어찌 하다
보니 결혼도 안 했고, 아이도 없어. 가진 것이 아무것도 없다는
사실에 쓸쓸해지고 슬퍼진 쿠로사와는, 주변 사람들이라도 자기
를 신뢰하고 좋아해 줬으면 좋겠다는 생각에 이런저런 사건들을
일으키지. 하지만 뭔가를 하면 할수록 일은 점점 꼬여만 가고, 젊
고 유능한 동료 반장을 향한 질투만 점점 심해져 가는데…. 질투
에 눈이 멀어 상황을 냉정하게 판단하지 못하는 쿠로사와의 헛
발질이 우스우면서 슬픈 만화야. 일명 웃픈 만화.

자기 자신에 대한 섣부른 추측은 자신감을 갉아 먹어.
습관처럼 하는 자신에 대한 추측들을 한번 써 봐.
그리고 그것들이 사실인지 아닌지 잘 생각해 봐.

6장

힘든 일이 생길 땐
어떻게 해야 할까?

하루하루가
어제와 똑같기를 바라는 사람은 없어.
그러면 얼마나 지루할까?

하지만 예상하지 못한 일이 터진다면(지름길이라고 생각해서 갔는데 막다른 골목이 나타날 때처럼) 어떻게 해야 할지 모르는 게 당연해.

인생은 뜻밖의 일들로 가득해. 어느 날 갑자기 친구가 쌀쌀맞게 군다거나, 부모님이 느닷없이 컴퓨터 쓰는 걸 금지하는 일처럼 말이야. 소소한 일들처럼 보이지만 이럴 때마다 삶은 굉장히 복잡하고 혼란스러워져.

"나더러 어쩌라고!"
우리를 혼란에 빠트리는 상황들이야.

생일파티를 하려면 돈이
필요하다고 했더니, 엄마가
그런 데 돈 쓸 여유 없다고 하셨어.
그러더니 홈쇼핑에서 신발을
세 컬레나 사는거야. 헐.

친구가 나랑 같이 좋아하던
아이돌을 버리고
다른 아이돌로 갈아탔어!

절친이 갑자기
나랑 말을 안 해.
어쩌면 좋지?

엄마가 동생을
대할 때랑 나를 대할 때
태도가 완전히 달라.
이건 뭐지?

내일 시험을
생각하면
머리가 어지러워.

그 애를 좋아하는 것 같아.
아니, 아닌 것 같기도 하고.
아~ 헷갈려!

새 학교로 전학 가서
6개월이 넘도록 친구가 없어.

주변 상황이 혼란스러울 때는 올바르게 판단하기가 어려워.

결정을 내리면 더 큰 문제들이 일어날 수도 있지만, 아무것도 하지 않으면

그저 그 상황에 갇혀 있을 뿐이야. 이럴 땐 어떻게 해야 할까?

1. 사실을 인정한다. "어떡해야 좋을지 모르겠어"라고 솔직하게 인정하자. 뭐가 뭔지도 모르면서 아는 것처럼 위장하는 것보다는 그 편이 더 낫고, 스트레스도 덜 받을 거야.

2. 복잡한 마음을 정리한다. 자신의 감정을 글로 정리해 보면 문제가 한결 단순해 보일 거야.

3. 내가 원하는 결말을 생각한다. 문제를 벗어나 어떤 결과를 바라는지 스스로에게 물어봐. 이때 자신의 감정을 상처 내지 않는 쪽으로 생각하는 편이 좋아.

4. 원하는 결말에 도달할 방법에 대해 고민한다. '원하는 결말을 얻기 위해 내가 선택해야 할 방법이 무엇인지' 생각해 봐. 마음의 소리를 듣고서 결정을 내리는 건 현명한 선택이 아니야. 어떤 방법이 있는지 '치열하게' 생각해. 그리고 해야 할 일의 목록을 만들어 봐.

5. 계획을 세운다. 지금 상황에 가장 잘 맞는 방법을 선택해.

혼란한 상황에서 빠져나오기 위해서는 다른 사람의 손을 잡는 게 가장 빠른 방법이기는 해. 그렇지만 그런 사람이 없다면?

그럴 때는 일단 혼란에 빠진 상황을 전부 적어 봐.

그리고 딱 하루 동안 이 일에 대하여 생각하지 않기로 결심하는 거지. 컴퓨터가 느려지고 버벅거릴 때, 휴대폰이 뜨끈뜨끈해지면서 버튼이 안 먹을 때 전원을 껐다 켜면 언제 그랬냐는 듯 다시 잘 굴러가는 것과 비슷한 거야.

또 다른 방법은 청소년을 대상으로 한 전화나 온라인 상담을 적극적으로 활용하는 거야. 아니면 책을 읽어 보는 건 어떨까? 내 문제가 너무 커서 "세상에 이런 사람은 나밖에 없을 거야!"라며 펑펑 울 수도 있지만, 막상 책 속 주인공들의 파란만장한 인생을 보면서 내 문제가 그렇게 세상을 끝낼 만큼 심각하고 큰일이 아니라는 걸 알게 된다면 얘기가 달라질 수 있어.

이제부터 5가지 상황을 보여 줄게.

하나씩 차례대로 풀어 보면서 네 모습을 체크해 봐.

1. 숙제가 너무 어려워 손도 못 대겠다.

① 틀린 답이라는 걸 알면서도 아무거나 쓴다.
② 반 친구에게 전화한다.
③ 부모님이나 선배에게 도움을 청한다.
④ 숙제를 안 한다.

2. 친구가 어떤 애를 보더니 '짜증 유발자'라고 욕을 했다. 그날 오후, 친구
가 바로 그 '짜증 유발자'와 시시덕거리고 있는 장면을 목격했다.

① 바로 친구한테 가서 무슨 일이냐고 묻는다.
② 아무 말도 하지 않고 속으로만 괴로워한다.
③ 산책하면서 생각을 정리하고 상황을 파악한다.
④ 짜증 유발자에게 다가가 친구가 뭐라고 뒷담화를 했는지 말해 준다.

3. 운동부 선생님이 내가 늦게까지 열심히 연습하는 것을 못마땅해한다. 이유는 알 수 없다.

① 선생님에게 가서 항의한다.
② 연습을 땡땡이친다.
③ 선생님과 단둘이 이야기한다.
④ 친구들에게 불만을 토로한다.

4. 친구와 영화 보러 가는 것을 허락해 주었던 부모님이 이유도 없이 갑자기 가지 말라고 엄포를 놨다.

① 친구에게 전화해서 아프다고 변명한다.
② 몰래 빠져나와서 영화를 보러 간다.
③ 주말 내내 화를 낸다.
④ 부모님에게 왜 그렇게 했는지 여쭤 본다.

5. 친구가 나한테 거짓말을 하다가 딱 걸렸다.

① 남들에게 친구가 거짓말한 사실을 알린다.
② 친구에게 왜 거짓말을 하느냐고 바로 물어본다.
③ 아무 말도 하지 않고 더 이상 친구를 믿지 않는다.
④ 친구와 터놓고 얘기할지 말지에 대한 모든 이유를 글로 써 본다.

채점을 해 볼까? 밑에 있는 표를 보면서 문제 번호와 내가 쓴 답을 체크한 뒤 해당하는 점수를 더해 봐.

문제번호 내가 쓴 답	1	2	3	4	5
①	X	10점	X	X	X
②	10점	X	X	X	10점
③	10점	10점	10점	X	X
④	X	X	X	10점	10점

40~50점 넌 돌직구형. 두려워하거나 불안해하지 않고 해당 정보를 알고 있는 이들에게 직설적으로 물어보는 스타일. 혼란스러운 상황을 정리하기에 가장 좋은 방법을 알고 있어.

30점 넌 질문가형. 확신이 없을 때마다 주변 사람에게 질문하면서 상황을 푸는 스타일. 좀 더 자신감을 가지고 문제를 대해 봐.

0~20점 더 자주 주변 사람들에게 질문할 필요가 있어. 그러면 네 마음이 편해질 거야.

앞에 나온 다섯 가지 상황들을 다시 한번 살펴볼까?

1. **네가 하기 어려운 숙제라면 도움을 청하는 것도 방법이야.** 반 친구나 부모님, 선배에게 도움을 청해 봐.

2. **어이없는 경우에서 직설법은 상황을 해결할 수 있어.** 하지만 사소한 문제라면 그냥 넘어가도 지장은 없어. 모든 의문들을 일일이 전부 이해할 필요는 없거든. 그냥 시간이 지나면 해결될 문제일 수도 있으니까. 산책하면서 생각을 정리해 봐.

3. **상대방의 행동이 이해되지 않을 땐 상대방에게 직접 물어보는 것이 좋아.** 이런 경우에는 선생님과 단둘이 이야기하면 문제가 풀릴 거야.

4. **부모님의 대답이 마음에 들지는 않겠지만 어쨌든 혼란스러운 상황에서는 벗어날 수 있을 거야.** 화내지 말고 부모님에게 왜 그렇게 하셨는지 여쭤 봐.

5. **친구에게 배신감을 느낄 때는 친구에게 마음을 털어놓는 것도 좋아.** 하지만 충분히 준비를 한 상태가 아니라면 네 감정을 글로 정리해 보는 것도 마음을 진정하는 데 도움이 되지.

우리를 힘들게 하는 상황은 하루에도 몇 번씩 찾아와.

"절친이 방학 동안 새 친구를 만들었어. 어떻게 6시간 만에 친구하자고
할 수가 있어?! 우린 3년이나 같이 지냈는데! 진짜 열받아."

"아, 바다에 혼자 떠 있는 것 같아."

"친구한테서 냄새가 나. 그걸 말해 줘야 할지, 말하면 상처받을 테니 가만
히 있어야 할지 모르겠어."

"절친이 담배를 피운 뒤로 날 애라고 무시했어. 계속 친구로 지내고 싶긴
한데 뭔가 자꾸 걸려."

"엄마한테 가방 사 달라고 했다가 엄청 혼났어. 어제 내 생일 때 엄마가
필요한 거 있으면 말하라고 했단 말야!"

124

어떤 선택을 해야 할지 혼란스러울 때는 이렇게 해 봐.

1. 종이 한 장을 반으로 접는다.
2. 한쪽 면에는 A안을 선택할 경우에 생기는 장점들을 쓴다.
3. 다른 면에는 B안을 선택할 경우에 얻는 장점들을 쓴다.
4. 양쪽 장점을 비교해 본다. 어느 쪽이 장점이 더 많은가?

만일 장점 개수가 비슷해서 여전히 헷갈린다면?

1. A안을 선택했을 경우를 상상해 본다. 무슨 일이 일어나는가? 기분이 어떤가?
2. B안을 선택했을 경우를 상상한다. 무슨 일이 일어나는가? 기분이 어떤가?

아직도 머릿속이 복잡해?

그렇다면 자신의 선택에 자신감이 생길 때까지 결정을 미루고 좀 더 생각해 보는 것도 방법이야.

살다 보면 일상을 뒤엎는
커다란 사건들이 터지곤 해.

부모님이 이혼할 수도 있고, 가족이 큰 병에 걸릴 수도 있지. 이렇게 힘든 상황을 겪어 봤을 수도 있고, 어쩌면 지금 겪고 있을 수도 있을 거야.

이럴 때는 먼저, 이 사건의 원인이 내가 아니라는 사실을 기억해야 해. 나 혼자의 힘으로 막을 수 있는 문제가 아니었다는 사실을 아는 것도 중요하거든. 하지만 지금보다 상황이 나빠질지 나아질지는 너 자신에게 달렸어.

때로는 주변 사람이 아니라 자신에게 문제가 생기기도 해. 왕따나 학교 폭력 같은 것들 말이야. 이런 상황에서는 그 누구도 '어떻게 해야 할지' 정확히 알 수 없어. 혼란스럽거나 괴로운 게 당연하지. 심지어 이게 어떤 기분인지 정확히 알 수 없을 때도 있어. 이러한 시련에 맞서려면 마음의 맷집을 키워야 해. 나한테만 일어나는 일이 아니고, 내가 견딜 수 있는 만큼의 시련만 나에게 찾아온다는 사실을 꼭 기억해. 이걸 기억하는 만큼 어려운 일을 견딜 수 있는 힘이 생길 거야.

힘들고 어려운 일을 당당하게 이겨낸 친구들의 이야기는 용기를 줘.

"아빠가 인종을 차별하는 이야기를 하셨어. 엄청 당황했지만, 다시는 그
렇게 얘기하시지 말라고 말씀드렸어."

"학교 친구가 나에게 욕설이 담긴 메일을 보냈어. 보복 메일을 써 줄까 생
각했지만, 그냥 무시했어."

"학교 일진들이 따라왔어. 나한테 침을 뱉더니 나중에는 하교할 때마다
서 있더라고. 너무 무서워서 선생님께 도와 달라고 부탁했어."

"우리 반 나디아와 피비는 사이가 좋아. 어느 날 내가 피비랑 다퉜는데,
나디아까지 가세해서 나한테 욕을 했어. 그걸 선생님께 털어놨더니 나
더러 나디아와 피비랑 이야기해 보라고 하시더라구. 그래서 만나서 얘
기했지. 어쩐 일인지 두 아이가 바로 사과를 해서 마음이 풀렸어."

"우리 엄마랑 아빠는 많이 싸우서. 가끔은 그게 내 잘못인 것처럼 느껴
져. 결국 부모님께 내 앞에서 싸우지 말아 달라고 얘기했어."

예측불가도 삶의 일부야.
그리고 예상하지 못한 일이라고 해서
항상 나쁜 것만은 아니야.

이 상황에 뛰어들어 해결할 만한 것인지, 아니면 해결하기 힘든 심각한 문제인지에 따라 이야기가 달라지는 거지. 그리고 이때는 자기 감정을 잘 살펴야 해. 부정적인 감정에 휩싸여 있을 때 결정하는 것은 대부분 좋은 결과를 얻지 못해.

혼자 그 상황을 해결하기 힘들다면 도움을 청해 봐.
그게 진짜 강한 사람의 태도니까.

함께 읽으면 좋을 영화와 책

책 『아닌 척! 괜찮은 척! 열다섯의 속마음』 김현정 지음

애매하고 불안정한 상황과 갈등에 놓이면 어떻게 해야 할지 모르겠다고? 네 밑그림을 넘어선 현실에 당황하고 있다면 청소년 전문 상담가 선생님께 털어놓으렴. 괜찮은 척하지만 다양한 고민으로 괴로워하는 너에게 따스한 조언을 해 줄 거야. 아닌 척, 괜찮은 척하는 가면을 벗어 던지고 너의 감정을 솔직하게 말해. 상담가 선생님은 널 질책하지도 않고 너의 마음에 완전히 공감하면서 네 문제에 대해 함께 고민할 테니까. 이 책에 담긴 십대들의 33가지 진짜 고백을 통해 학교 공부, 친구 관계, 너의 꿈이나 진로 문제의 해결책을 찾을 수 있어.

만화 『금색의 갓슈!!』 라이쿠 마코토 지음

머리가 너무 좋은 나머지 세상을 비관하던 중학생 키요마로 앞에, 갑자기 웬 꼬맹이가 나타나서 인생을 바꿔 주겠다고 외치면서 『금색의 갓슈!!』가 시작돼. 알고 보니 그 꼬맹이는 갓슈라는 이름의 마물이고, 지금 마물 아이들끼리 마계의 왕 자리를 놓고서 싸움을 벌이고 있는 중이야. 이 만화는 모험액션물이지만, 주인공인 갓슈의 힘이 그다지 강하지 않기 때문에 이런저런

작전을 짜내야 겨우 상대방을 쓰러뜨릴 수 있어. 아무리 혼란스럽고 불가능해 보이는 상황이라도 둘이서 함께 머리를 맞대고 지혜를 모아서 이겨 나가지. 정말 중요한 것은 강한 힘이 아니라 지혜와 따뜻한 마음이라는 것을 보여 주는 작품이야.

혼란스러웠던 상황에 빠진 적이 있다면 그 내용을 간략하게 적어 봐.
그다음 네 친구가 그 상황에 빠져 있다고 생각하고
상담자가 되어 조언을 써 봐.
그러면 신기하게 그 상황에 대한 답이 보일 거야.
사건을 객관적으로 볼 수 있게 되는 거지.

7장

새로운 일에
도전하는 게 무서워

중학교 생활이
스트레스로 가득 차 있다는 사실은
말할 필요도 없지.

빡빡한 수업, 숙제, 짜증 나는 아이들까지. 게다가 학교를 빠져나온 뒤에도 학원이니, 뭐니 여러 가지 일로 엄청 바쁘지.

    엄마 아빠는 어제나 오늘이나 말이 안 통하고 페이스북에는 악플이 달리기 시작했어. 이런 세상에서 살다 보면 기분이 나빠지고 우울해지는 건 피할 수 없어.

심장이 쪼그라 들고 먹구름이 몰려 오는 느낌.
다크서클과 함께 찾아오는 친구들의 스트레스야.

성적이 점점 더 떨어져.
내일이 성적표 나오는 날인데
어떡하지?

축구부 선생님 때문에 미치
겠어. 저렇게 소리를 지르는데
축구가 하고 싶겠냐고.

사람들이 나한테
소리 지르고
함부로 대할 때 너무 짜증 나.
그럴 권리가 있는 사람은
아무도 없는데.

가끔 숙제를 까먹어.
숙제가 생각나도
하지 않으면서
걱정만 해.

옷 때문에 스트레스를 받아.
남들이랑 다르게 입으면 왕따
당할지도 모르잖아.

매순간이 스트레스야.
숙제, 학교, 시험, 재수없는 애들까지.
끝이 없어! 미칠 것 같은데
말할 데가 없어.

우리 부모님은 내가 모든 걸
다 잘하기를 바라서.
난 그저 중학생일 뿐인데!
부모님을 기쁘게 해 드리려 애쓰다가도,
갑자기 모든 게 짜증 난다고!

136

사춘기 때는 해내야만 하는
낯선 일들이 잔뜩 기다리고 있어.
때로는 전부 관두고 싶기도 하지.

그런데 이렇게 생각해 보는 건 어떨까? 새로운 것에 도전하는 것은 나쁜 게 아니야. 오히려 너의 잠재력을 발견하는 기회가 되거든.

숙제와 온갖 책임에 시달리는 것은 누구에게나 지치는 일이야. 컨디션이 별로인 날도 있을 거고, 부정적인 생각이 머릿속에서 떠나지 않거나 남의 말에 무척 신경을 쓰게 되는 날도 있겠지.

이 모든 것이 스트레스를 키워. 보통 사람들은 완전히 자기 모습을 잃어버릴 때까지 스트레스의 심각함을 깨닫지 못하는데, 우울증이 마음에 퍼진 후에는 너무 늦어. 원인을 모른 채 다 괜찮아질 거라고 이 순간이 지나가길 기다리는 건 오히려 상황을 더 나쁘게 만들어. 만일 '뭔가 잘못된 것 같다' 라는 느낌을 받는다면, 누구에게나 있는 '비상경보 시스템'이 너한테 신호를 보내고 있는 거야.

새로운 일에 도전할 때는 어렵다는 생각을 하지 않으려고 애써 봐. 그러면 신기하게도 그 일이 조금은 쉽게 느껴질 거야.

스트레스는 우리 삶에 붙은 불과 같아.

이 스트레스를 끄려면 어떻게 해야 할까?

먼저 급한 불부터 꺼 보자고.

잠깐 쉼표를 찍는다. 혼자 잠깐 걷고 들어오는 것, 쉽지만 크게 도움이 돼. 현실적으로 어렵다면 화장실에라도 다녀와.

몸을 편안하게 한다. 불안하면 몸까지 덩달아 굳어지거든. 마음을 '마음대로' 편하게 할 수 없다면 몸을 이완시켜서 마음을 풀어 줘. 천천히 복식 호흡을 하면서, 내 몸이 지금 어떤 상태인지 느껴 봐.

스트레스라고 생각하는 문제들에 대해 뭐라도 좋으니 결정을 내린다. 이번 주까지 꼭 해야 하는 일이 있는데 그게 부담스럽다면, 하다못해 '나는 그 일을 오후 3시 정각부터 시작할 거야.' 이렇게라도 결정을 해 봐. 결정을 내리는 쪽이 주인이거든. 결정을 하면 상황에 대한 주도권을 되찾아 오는 것이기에 힘이 날 거야.

상황을 있는 그대로 바라본다. 혹시 지금 일어나지 않은 일까지 앞질러서 두려워하는 건 아니야? 예를 들어 시험이 부담된다면, 공부할 분량이 많아서인지, 낙제할까 겁이 나서인지, 성적이 안 좋으면 먹고 사는 데 지장이 생길까 봐 두려운 건지 점검해 봐.

화재는 미리미리 예방해야 해.

스트레스를 예방하는 방법이야.

'나'를 아낀다. 바빠도 식사는 꼭 챙긴다든가, 애쓴 나를 위해 조그만 선물을 마련해 봐. 기분이 좋아지는 화분이나 사진을 곁에 두는 건 어떨까?

거절할 것은 거절할 수 있는 용기를 기른다. 세상에 슈퍼맨은 없어. 착한 사람 콤플렉스에 짓눌리지 말고 아닌 건 아니라고 말해 봐.

오래 묵은 스트레스를 가능한 한 지혜롭게 처리한다. 케케묵은 '스트레스' 처리 방법에는 쉬는 시간 갖기, 다양한 취미 활동 살리기, 좋아하는 책 읽기, 음악 듣기, 일기 쓰기, 명상이나 기도하기, 규칙적인 운동 같은 것들이 있어. 사람마다 스트레스 처리 방법은 다 다르지만, "난 이걸 하면 좀 풀리더라!" 하는 자기만의 비결은 꼭 확보해야 해.

지원군을 모은다. 혼자만의 노력으로 모든 문제를 해결할 수 없다는 사실을 받아 들여야 해. 나에게 소중한 사람들, 나를 소중하게 생각하는 사람들을 두루 사귀는 게 좋아. 자신이 어딘가에 속해 있다는 만족감과 안정감은 사는 데 매우 필요한 부분이야.

조금 전까지는 자신감이 넘쳤는데, 갑자기 모든 걸 망칠 것 같은 좌절감에 빠진 적 있어?

'할 수 있어!'라는 기분이 순식간에 '못 하겠어'로 바뀌는 건 그리 놀랄 일도 아니야. 새로운 것에 도전할 때 약간 긴장하는 건 자연스러운 현상이니까. 하지만 지나치게 떨거나, 부정적인 생각들에 사로잡힌다면 뭔가 조치가 필요해.

　모든 걸 다 잘해야 하고, 다 할 수 있다고 생각하는 건 자신을 숨 막히게 해. "못 하겠다고 거절해야 되겠다. 안 돼도 할 수 없지" 하는 생각도 곁들여 두는 게 좋아. 실제로 그만두지는 않더라도 정 안 되면 그만두면 된다는 생각이 꽉 조여진 불안 상태에서 탈출하는 데 도움이 되기도 하거든. 안 할 수도, 못 할 수도 있지만 그걸로 세상이 끝나는 건 아니라는 걸 기억해.

스트레스 없는 세상에서 살 수는 없지만
스트레스를 줄이는 방법은 있어.

왜 짜증이 나는지를
적으면 마음이 후련해져.

음악을 들으면서
기타 연습을 해.

스도쿠를 하면
마음이 진정돼.

엄마한테 얘기해.
다 털어놓고 나면 한결
기분이 가벼워져.

위인들의 힘든 시기를
찾아서 읽어 봐. 이런 얘기들을 들으면
부담감이 좀 사라져.

차가운 물에 세수해.
그리고 날 도와줄
친구들을 생각하지.

달리기를 하면
긴장이 풀려.

스트레스를 풀려면 일단 먼저 긴장을 풀어야 해.

간단한 방법을 가르쳐 줄게.

1. **하던 일을 멈춘다.** 변명은 됐고! 하던 모든 일을 멈춰. 머릿속을 비우는 거야.

2. **의자에 앉는다.** 의자에 바른 자세로 앉아 봐. 누울 공간이 있다면 편안하게 눕는 것도 좋아.

3. **눈을 감는다.** 외부의 자극을 차단하고 네 마음에 집중해.

4. **온몸에서 힘을 뺀다.** 팔, 다리, 배의 힘을 빼고 어깨, 얼굴에서도 힘을 빼.

5. **천천히 숨을 쉰다.** 요가를 할 때처럼 숨을 코로 들이마시고 입으로 내쉬어 봐.

6. **숨을 들이쉴 때 숫자 '1'을 세고, 내쉴 때 다시 '1'을 센다.** 그다음에는 '2'를 세면서 계속 호흡해. 이어 가다가 숫자를 잊어버리면 다시 1부터 시작하도록.

7. **몇 분 후 눈을 뜬다.** 짜증이 가라앉고 진정이 되는 것 같아? 만일 아니라면 눈을 감고 좀 더 심호흡을 하도록!

뒤에 계속

불안함을 떨치려고 노력해도 스트레스가 사라지지 않고 계속 우울할 때가 있어.

집이 경매에 넘어간 것처럼 심각한 문제가 있을 수도 있지. 집안에 문제가 있다면 네가 아무리 노력해도 스트레스를 받을 수밖에 없어. 학교에서도 친구들이 널 따돌린다면 계속 스트레스를 받을 거야.

이런 커다란 문제들은 평정심을 깨고 극단적으로 행동하도록 우리를 몰아가. 그렇게 되기 전에 우리는 자신의 마음을 돌봐야 해. 그리고 마음을 털어놓을 수 있는 사람에게 도움을 청해야 해.

믿을 만한 사람에게 도움을 요청해 보면 확실히 성과가 있어.

"내가 가장 좋아하는 선생님에게 '도벽 때문에 고민하는 친구가 있는데 도벽 상담소가 있느냐고 여쭤 봤어. 선생님은 그게 내 얘기라는 걸 눈치 채셨고, 울음을 터뜨린 나를 안아 주셨어. 상담을 하니까 기분이 나아져서 부모님께도 고백했어. 부모님은 괜찮다고, 나를 사랑한다고 말씀하셨고 치료받고 노력하자고 하셨어."

"돈을 안 내놓으면 얻어 터질 줄 알고 날라리들이 협박했어. 다른 사람한테 말하면 가만 안 뇌둔다고 을러대서 아무한테도 얘기 못 했어. 잠도 제대로 못 잤다고. 결국 용기 내서 아빠에게 털어놨더니 아빠가 교장 선생님께 전화했어. 걔들은 정학당했지."

"옛날에 일진 애들이랑 어울렸어. 남들이 날 우러러보는 게 좋았거든. 그러다 어느 순간부터 이건 아니라는 생각이 들어서 엄마에게 전학 가고 싶다고 얘기했지. 전학 간 학교에서도 일진들이 날 끌어들이려 했지만 거부했어. 그런 애들은 거들먹거리며 나쁜 짓만 하니까."

우리는 언제나 평온하게 지내길 바라지만,
현실은 그렇지 않아.
큰 스트레스든 작은 스트레스든 우릴 괴롭히지.

몇 가지 해결책이 있어. 먼저 자신의 마음이 어떤지 조용히 살펴봐. '비상경고 시스템'이 뭔가 잘못되었다고 말한다면 그 지적에 귀를 기울여. 일단 마음의 소리를 들으려고 노력하는 것은 자신을 존중하는 방법 중 하나야.

내가 처한 상황을 전부 바꾸는 것은 불가능하지만, 좀 더 나은 기분으로 문제를 마주할 수는 있어.

넌 정말 소중하다는 사실, 꼭 기억하길.

함께 읽으면 좋을 영화와 책

영화 〈나에게서 온 편지〉

개학 첫 날, 책가방을 메고 잠이 들 정도로 걱정이 많은 소녀 라셀은 친구가 한 명도 없어. 가뜩이나 우울한 새 학기, 지각까지 해서 더 의기소침해진 라셀은 새로운 친구들 앞에서 주눅 든 목소리로 자기소개를 해. 다행히 자기 옆자리가 비었다고 외치는 발레리 덕분에 라셀은 걱정 아닌 기대가 가득한 새 학기를 보내지. 소극적인 라셀과는 달리 발레리는 선생님 데이트 장소를 미행할 정도로 엉뚱하고 자유분방해. 라셀 생애 처음으로 앙큼 발랄한 친구를 만나면서 죽음을 궁금해 하던 일상이 날마다 새로움으로 채워져. 라셀과 발레리를 보면서 걱정과 스트레스에서 너를 꺼내 줄 친구를 생각해 보렴.

만화 『카드캡터 사쿠라』 클램프 지음

초등학교 4학년인 사쿠라는 아빠의 서고에 있는 낡은 책을 우연히 펼쳤다가 봉인의 수호자 케르베로스를 깨우게 돼. 그리고 케르베로스에게 카드캡터로 선택받아, 세상에 재앙을 가져다 준다는 크로우 카드를 모으러 이리저리 뛰어다니며 모험을 하게 되지. 어려운 일이나 힘든 사건이 때때로 닥치지만, 사쿠라에겐 마법의 주문이 있어. 그건 바로 '틀림없이 잘 될 거야'라는 긍정적인 확신! 매번 위기에 빠질 때마다 이 긍정의 마법이 사쿠라에게 힘을 준단다. 이건 분명 현실에도 있는 마법일 거야!

스트레스 없는 세상은 없을 거야.
그렇다고 참고 견디는 것만이 능사는 아니지.
혼자 해결할 수 없다면 누군가에게 도움을 청하는 게 좋아.
내 마음을 다 열어서 보여 줄 만한 사람이 있어?
그럼 그 사람들의 이름을 한번 써 봐.
널 가장 잘 아는 사람이 가장 잘 들어 주겠지?

8장

내가 원하는 대로
살고 싶어

어디에나 방해꾼들은 있어.
다른 사람을 비웃으면서 우월감을 느끼는
사람들이 주로 너를 공격할 거야.

남들이 너에게 '이렇게 해야 해'라고 지적하면 아무리 굳건하던 네 생각도 흔들릴 거야. '이런 게 좋지'라고 남들이 정한 것을 따라야 할 것 같은 기분도 들 거야. 하지만 그런 이유로 자신의 생각을 바꾸는 건 위험해. 다른 사람이 와서 '그게 아니라 이거야'라고 너에게 다른 행동을 요구하면 너는 또 네 행동을 바꿀 테니까.

　만일 너답지 않은 모습 때문에 힘들다면, 너에게 영향을 줄 수 있는 사람은 오직 너뿐이라는 사실을 기억해. 네가 네 삶의 주인공이야. 다른 사람이 널 규정 짓게 내버려 두지 마. 넌 너의 생각과 행동과 감정을 결정할 수 있어. 네가 믿는 대로 행동해.

　남들에게 잘 보이고 싶은 마음은 당연해. 또 사람들의 의견을 듣지 않는 건 인간관계를 어색하게 만들 수도 있어. 하지만 너 자신이 널 사랑하고 믿어 준다면 사람들은 결국 너의 특별함을 인정할 거야.

나를 사랑하면 저절로 해결되는 게 많아.

자신의 장점을 찾는 건 나를 사랑하는 데 있어서 기초 공사에 해당해. 누군가를 좋아했던 시간을 돌아 봐. 그 사람의 장점(외모가 멋지다던가, 목소리가 좋다던가, 친절하다던가, 머리가 좋다던가)이 먼저 눈에 들어와서 그 사람을 좋아했을 거야. 그리고 때로는 한눈에 반하는 것처럼 장점이 확 다가오기도 하지만, 오래 시간을 함께 보내면서 숨겨진 장점이 눈에 들어와 좋아지기도 하잖아.

네가 널 바라볼 때에도 이런 마음을 갖고, 좋은 점을 꼭 찾아내고 말리라 노력해 보면 좋겠어. 만일 어떻게 해도 좋은 점을 찾기가 어렵다면? 그럴 때는 네가 살아 왔던 과정을 한번 더듬어 봐. 누군가의 뒤에 숨겨진 스토리를 알면 그 사람을 더 잘 이해할 수 있잖아. 옆자리 앉은 학생을 괴롭히는 친구는 사실은 집에서 신나게 얻어 터지는 친구였다든지, 날 못 잡아 먹어 안달인 것처럼 보이던 선생님이 사실은 아이를 잃은 상처를 갖고 있다든지 이런 식으로 말이지.

그렇게 네가 갖고 있는 부족한 점 뒤에 숨겨진 스토리를 찾아보는 시도는 어떨까?

자신의 장점을 알고 있는 건
자신감을 기르는 최고의 방법이야.
자기 장점을 적어 보고
다른 사람에게 말해 보는 것도 좋아.

성실하고,
마음도 착해.

난 남들을
도와주는 게 좋아.

친구에게 아무것도
숨기지 않아.
정직한 게 최고야.

'피할 수 없으면 즐겨라'라는
말이 있지? 그게 내 특기야.

잘 웃는
내가 좋아.

창의적으로 생각해.
다른 관점에서 보기만 하면
되거든.

난 불의를 보면 참지 않아.
세상을 바꾸려면 행동해야지.

다른 사람을
잘 배려해.

남들 얘기를 잘 들어 줘.

난 도전정신이 강해.

어쩌면 넌 이미 긍정적이고
자신감에 넘치는 사람일지도 몰라.

그게 아니라면 자신감을 보여 줄 만한 계기가 필요한 거야. 그런 네 모습이 아직 나타나지 않았을 뿐이지. 다른 사람들의 행동을 보고 영감을 얻어 봐. 대신 흉내 내려고 하지는 말고. 남들의 생각에 휘둘리지 않고 살아가는 사람들이 어떤 일을 해내는지 관찰해 봐.

　넌 그 사람들처럼, 아니 그 사람들보다 훨씬 더 멋지게 살 수 있어. 그리고 자기의 잠재력을 깨달으려면 남들이 너를 결정하지 못하도록 해야 해.

자신감을 찾으면 어떤 일이 일어날까?

친구들의 이야기를 들어 봐.

"'행복의 근육'을 키워야 돼. 너를 사랑하고, 주변에 감사하는 마음에 성취감까지 더해지면 네 꿈도 이뤄질 거야!"

"가족들과 친구들이 널 사랑한다는 걸 믿어야 해. 아침에 일어날 때마다 '난 나야. 난 특별해. 사랑받고 있어'라고 말해 봐."

"남들이 날 어떻게 생각하는지 늘 신경 쓰였어. 지금도 가끔 그래. 하지만 내 친구들은 다른 사람들의 생각에 그다지 개의치 않아. 덕분에 나도 자신감이 붙은 것 같아."

"밸런타인 데이 전날 밤에 시 8편을 쓰고 프린트를 해서 축하 카드를 만들었어. 다음 날 학교에 카드를 돌렸는데, 아무도 미쳤다거나 저리 치우라고 하지 않았어. 모두들 좋아했지. 정말 행복했어."

자신감을 얻고 싶니?

네가 좋아하는 일에 답이 있어.

그림 그리기를 좋아한다면, 그림 그리는 시간을 늘려 봐. 음악 연주가 좋다면 밴드 활동을 해 보고. 좋아하는 일을 하는 건 자신감을 키우고 마음을 치유하는 데 도움이 돼. 연습하면 할수록 실력도 더 나아지기 때문에, 자신감 넘치는 사람이 되는 건 시간문제지.

완벽하게 하지 못하더라도 걱정하지 마. 이 세상 그 누구도 완벽한 사람은 없어.

그 일이 정말 좋다면, 너의 꿈을 이루기 위해서 열심히 노력해야 해. 일단 시작하면 그 무엇도 네 꿈을 막지 못한다는 것을 알게 될 거야.

자신감을 키우는 4가지 방법을 소개할게.

1. **남을 돕는다.** 다른 사람을 도우면 그만큼 큰 자신감이 생길 거야. 내가 다른 사람에게 주는 것보다 내가 다른 사람에게 받는 것들이 훨씬 많거든. 감사와 보람 같은 좋은 감정들이 너의 자신감을 키워 줄 거야.

2. **목표를 정한다.** 성적을 올리기로 결심했니? 살을 빼고 싶니? 자신을 바꾸고 싶다면 달라지기 위해 노력해야 해. 계획표를 짜고 나와의 약속을 지키는 연습을 해. 계획을 따르면서 자신을 믿는 마음이 자랄 거야.

3. **자신에게 너그러워진다.** 인간은 완벽할 수 없는 법이야. 실수를 했을 때는 무엇을 깨달았는지 정리하고, 상처를 준 사람에게 사과하고, 자신을 격려하는 게 중요해. 그러면 부정적인 감정을 빨리 떨쳐 버릴 수 있을 거야.

4. **마음이 통하는 친구를 만난다.** 편한 친구와 만나는 것은 우울할 때 자신감을 되찾는 좋은 길이야. 마음이 통하는 친구는 네 모습을 있는 그대로 받아들여 줄 거야.

마테오,
정말 짱이야!
진짜로
최고였어.
너무
멋졌어.
훌륭해.
어디서
그런 자신감이
생긴 거야?
고마워.
다 너희들 덕분이야.
소리 지르는
여자애들 봤어?
어디?
뻥 치지 마.
인기남 됐다고
우리 버리기
없기다?
너희만큼
인기 없을 테니 안심해.
난 인기
있는데?
아이고.
진심이거든?
어쨌든 마테오
짱!
너네도 그래.
맞아, 최고!

남을 따라 해서 인기를 얻을 수도 있겠지만 그건 좋은 방법이 아니야.

자기 자신에게 솔직하게 사는 것이 훨씬 즐겁지 않니? 자기 인생이니까.
너처럼 살 수 있는 건 너밖에 없어. 또 한 번뿐인 내 인생이잖아?

겁먹지 말고 세상으로 힘차게 달려가 봐.
자신 안에 있는 힘을 믿으면 꿈을 꾸게 될 거야.
그리고 그때부터 세상이 달라 보일 거야!

비록 지금의 너는 네가 꿈꾸는 멋진 모습은 아닐지도 몰라.
공부를 잘하지 못할 수도 있고. 운동이라면 영 젬병이라 넘어지지만 않
아도 다행일지 모르지. 그렇지만 세상에 너 같은 사람은 딱 하나 나밖에 없
다는 사실을 기억해. 물건은 희귀할수록 값이 나가잖아. 그런데 넌 어때?
네가 웃는 식대로 웃는 사람은 없어. 네가 말하는 방식대로 말하는 사람도
없어. 특별하게 뭔가 잘하면 좋겠지만, 잘하지 못해도 넌 우주를 통틀어서
유일해.

그리고 오늘 네가 사는 하루의 시간은 절대로 돌아오지 않아.

지금 넌 뭘 하고 있니? 노래를 부를 수도 있고, 책을 읽을 수도 있고, 생각에 잠겨 있을 수도 있고, 공부를 할 수도 있어. 네가 하는 이 모든 행동은 너라는 사람에게 속한 아주 특별한 것들이야.

자, 이제 가슴을 쫙 펴고
너 자신을 향해 고개를 끄덕여 봐.
그리고 세상에 단 하나뿐인 나,
다른 무엇과 바꿀 수 없는 소중한 나를
인정해 주기로 결심해 봐.

함께 읽으면 좋을 영화와 책

책 『닉 부이치치의 허그』 닉 부이치치 지음 | 최종훈 옮김

신체 건강한 사람과 팔다리가 없는 사람이 있어. 둘 중 누가 더 가치 있는 사람일까? 이 질문에 선뜻 대답할 수 있는 사람은 없을 거야. 가치 평가 기준도 없을 뿐더러 어떤 기준으로 가치를 매길 수 있는 건 물건뿐이니까. 그런데 우리는 자꾸만 나를 주변과 비교하면서 내 가치를 평가해. 태어날 때부터 팔다리가 없던 닉 부이치치는 자신을 있는 그대로 받아들이면서 자신의 무한한 가능성을 믿지. 그는 작은 발 하나로 스케이트보드를 타고, 서핑을 하고, 드럼을 연주하고, 골프를 쳐. 팔다리가 없는데도 정말 자기를 사랑할 수 있을지 궁금한 친구들은 닉 부이치치의 인생 이야기를 들어 봐.

만화 『삼봉 이발소』 하일권 지음

어느 날, 외모에 심각한 콤플렉스를 가진 사람들이 자괴감에 빠져 시름시름 앓다가 발작을 일으키는 '외모 바이러스'란 병이 마을에 퍼져. 이 만화는 신비한 꽃미남 이발사 삼봉이가 커다란 가위를 들고 그들을 치료하러 다니는 이야기야. 저마다의 상처를 안은 사람들의 트라우마를 드러내고, 치유하는 과정이 감동적이지. 이 병에 감염되었다는 위험을 느낀 여고생 박장미도 삼봉이를 찾아가고, 거기서 아르바이트를 하면서 진정한 아름다움이 무엇인지 깨닫게 돼. 외모 콤플렉스를 통해 자존감에 대해 이야기한 웹툰이야.

네가 가장 좋아하는 네 얼굴을 그려 봐.
그리고 밑에 이렇게 써 봐.

나는 이미 충분한 사람.
나는 이런 내가 참 좋다.

청소년 상담소를 소개합니다

청소년 사이버 상담 센터(www.cyber1388.kr)
네 마음을 너도 잘 모르겠다고? 여러 가지 심리 검사를 통해 그 고민을 하게 된 이유가 무엇인지 알아볼 수 있어. 또 내 마음 알기 OX게임을 따라 하면서 문제해결 방법을 찾을 수 있을 거야.
인터넷 접속하는 게 어렵다면 전화기를 들고 (국번없이) 1388을 눌러 봐. 24시간 고민을 들어 줄 청소년 전문 상담가 선생님들이 너의 전화를 기다려.

서울시 청소년 상담 복지 센터(www.teen1318.or.kr)
네 주변에 의지할 사람이 없다고 느껴지면 찾아 와. 상담 게시판에 비밀글로 남겨 놓으면 상담 선생님이 조언을 해 주실 거야. 또 십대 자녀를 둔 부모님을 위한 상담 게시판도 마련해서 부모- 자녀 간의 갈등을 풀어 주지.

또 각 구청에도 청소년을 위한 상담 센터가 마련되어 있으니 참고해.

지역	상담소	연락처
서울 중구	서울특별시 청소년 상담 교육센터	02-2285-1318 (내선 402)
서울 강서구	강서구 청소년 상담 복지센터	02-2649-1318
서울 금천구	금천구 청소년 상담 복지센터	02-803-1378
서울 노원구	노원구 청소년 상담 복지센터	02-950-3146
서울 양천구	양천구 청소년 상담 복지센터	02-2646-8341
서울 서대문구	서대문구 청소년 상담 복지센터	02-3141-1318
서울 중랑구	중랑구 청소년 상담 복지센터	02-490-0714
서울 강남구	강남구 청소년 상담 복지센터	02-2226-8555
서울 강동구	강동구 청소년 상담 복지센터	02-6252-1382
서울 강북구	강북구 청소년 상담 복지센터	02-6715-6666
서울 관악구	관악구 청소년 상담 복지센터	02-879-1318
서울 광진구	광진구 청소년 상담 복지센터	02-2205-2553
서울 구로구	구로구 청소년 상담 복지센터	02-855-1317

서울 도봉구	도봉구 청소년 상담 복지센터	02-907-1318
서울 동대문구	동대문구 청소년 상담 복지센터	02-2236-1318
서울 동작구	동작구 청소년 상담 복지센터	02-849-1318
서울 마포구	마포구 청소년 상담 복지센터	02-3153-5984
서울 서초구	서초구 청소년 상담 복지센터	02-525-9128
서울 성동구	성동구 청소년 상담 복지센터	02-2296-1318
서울 송파구	송파구 청소년 상담 복지센터	02-407-7179
서울 영등포구	영등포구 청소년 상담 복지센터	02-2636-1319
서울 용산구	용산구 청소년 상담 복지센터	02-716-1390
서울 은평구	은평구 청소년 상담 복지센터	02-352-1318
서울 종로, 성북구	종로구 청소년 상담 복지센터	02-762-1318

지방의 청소년 상담센터가 궁금하다면 청소년 사이버 상담센터(www.cyber1388.kr) > 유용한 사이트 > 지역별 상담기관을 참고해.

경기도 광주에는 서울 장신대학교에서 운영하는 청소년상담복지센터가 있어.
청소년에게 예술 활동(미술, 음악, 놀이 등)을 통해서 건강한 자아상을 찾게 하고 자기 존중감을 높여주는 다양한 프로그램을 운영해. www.ggj1388.or.kr 031) 760-2219

탁틴내일(http://www.tacteen.net/)이라는 사이트 알아?
지금 우리는 성에 대해 관심이 많을 시기를 지나고 있어. 탁틴내일에서는 이 성문제를 숨기지 않고 제대로 드러내서 청소년들이 건강하게 성에 대해 인식하고 알아갈 수 있도록 음악이나 동영상을 만들어 배포하고 있어. 02) 3141-6191

십대들의 쪽지(http://www.teen4u.co.kr/)는 1984년부터 시작된 청소년들을 위한 작은 잡지야. 인터넷으로도 볼 수 있어. 십대들의 이야기가 생생하게 담겨 있고, 십대들의 고민에 대한 답도 담겨 있어서 이 잡지를 보는 것만으로도 고민이 해결될 거야.